EDITION Johannes Kuhn

Uta Schlegel-Holzmann

Kein Abend mehr zu zweit
Familienstand: Witwe

Quell

EDITION JOHANNES KUHN BAND 9

1. Auflage 1992, 1.– 5. Tausend
2. Auflage 1992, 6.–11. Tausend
3. Auflage 1994, 12.–16. Tausend

ISBN 3-7918-1809-0

Umschlaggestaltung: Klaus Dempel
Umschlagfoto: Peter Santor
Satz: Ebner, Ulm
Druck und Verarbeitung: Maisch & Queck, Gerlingen

INHALT

WAS WISSEN DIE BÄUME VOM TOD?

Es ist Sommer, der Kirschbaum hat wieder reichlich Früchte, im dritten Jahr nun schon, seitdem du gegangen bist, mein Mann, mein toter Mann. Der Baum hat einfach so getan, als ob nichts geschehen wäre, und ich war zutiefst empört, daß er überhaupt wieder blühte. Wie konnte er denn deinen Tod ignorieren? Ich meinte, alles müsse innehalten, die Sonne dürfe nicht mehr aufgehen, die Pflanzen müßten verdorren so wie ich.

Und dann geht die Sonne wieder auf, Bäume grünen, Kirschen reifen, Laub fällt, und der Schnee, der große, weiche Beschützer, behütet den Winterschlaf. Natur trägt keine Trauer. Sie zeigt uns nur, was ein Menschenleben im ewigen Kreislauf ist. Sie lehrt uns Vergänglichkeit. Das weiß ich jetzt. Der Weg durch das finstere Tal macht den Blick frei für neue Horizonte. Und deshalb mag ich das Blühen wieder und freue mich an den Kirschen.

Werden. Wachsen. Vergehen.

Eines Morgens saßen wir noch heiter beisammen. Alles war wie sonst. Frühstück, Ausblick auf den Tag, Pläne fürs Wochenende. Es war ja Freitag, Gespräche, Abschied. Alles wie sonst. Also dann, bis heute abend und mach's gut!

Und dann gab es keinen Abend mehr zu zweit.

Du machtest dich auf zur letzten, der endgültigen Wanderschaft. Der Tod nahm dich mit, leicht und sanft, ein gnädiger Begleiter, und für uns brach die Welt zusammen. Alles verdunkelte sich, der Boden wankte, nichts sollte mehr sein, wie es war. Doch die Sonne strahlte weiter, und in der Erde rumorte das Frühjahr.

Im Park jenes Altenheims, in dem ich jetzt manchmal bei alten Leuten wache, erlebe ich auch diese erhabene Gleichgültigkeit der Natur. Die Bäume im Park, was wissen die vom Tod? Vielleicht nichts. Vielleicht alles. Aber das Sterben der Menschen in diesem Haus kümmert sie nicht. Abend eines Lebens, und die Bäume schweigen. Eine alte Frau gibt mit schwachen Atemzügen ihr kostbarstes Gut zurück, das Leben. Der nahende Tod hat ihr Gesicht geglättet, als ob an dieser letzten Schwelle die Furchen, die das Dasein grub, getilgt werden sollten. Vorbei. Nun zählt etwas anderes. Und ich halte die Hand der Frau, weil Menschen mehr nicht mehr tun können, als Nähe zu geben in dieser großen Stille, in der Endlichkeit zur Gewißheit wird.

Halten. Loslassen. Freigeben.

Bindung. Trennung. Verlust.

Wie bei uns.

». . . bis daß der Tod euch scheidet.«

Die Liebe macht zwei Seelen zur Einheit. Dann reißt der Tod eine Hälfte weg.

Auch du hast loslassen müssen, mein Mann, mein toter Mann. Auch du hast freigegeben. Und ich streckte die Arme ins Leere, weil ich dich zurückholen wollte aus diesem fernen Irgendwo. Ohnmächtig, zornig, verzweifelt, unsagbar betrübt begehrte ich gegen das Schicksal auf, überall suchte ich dich, suchte zunächst auch einen Schuldigen, den ich für dieses furchtbare Geschehen verantwortlich machen und also hassen könnte – und unterlag.

Der Tod ist groß, wir sind klein. Der Tod, so hat mich dein Gehen gelehrt, besitzt die allerhöchste Individualität. Auch wenn man noch so sehr eins war, diesen Weg geht jeder ganz für sich allein. Doch der andere stirbt ein Stück weit mit, und mit dem geliebten Menschen sinkt die gemeinsame Welt ins Grab. Alles was war, jetzt ist es endgültig Vergangenheit.

Du bist rasch gegangen. Der Tod nahm dich bei der Hand und zeigte dir den neuen Weg. Alte Leute sterben manchmal sehr lange. So schnell geben sie nicht auf, das ist gut so. Mag ihr Leben noch so bescheiden, noch so mühselig gewesen sein, es war ihr Leben! Und jedes Leben hat seinen Sinn, und vielleicht ist der tiefste Sinn des Todes, daß er das Leben begreifen läßt. Nur mit dem Blick auf das Ende können wir immer wieder einen neuen Anfang wagen.

Es bleiben Spuren. Bei den Leuten im Heim sind meist nur wenige Spuren langer Wege sichtbar. Kalender mit Blumenbildern an der Wand, Fotografien von früher, und auf den Kommoden stehen Dinge, die nun, da es solche Bedürfnisse nicht mehr gibt, bedeutungslos sind. Dabei waren sie einst wichtig gewesen, sonst stünden sie nicht da: der Glasfisch mit den Silberfäden im Bauch, die Zinnvase mit Trockenblumen, ein Engel aus Porzellan. Absolute Nichtigkeiten und trotzdem Wichtigkeiten.

Ich weiß ja nun, wie der Tod selbst dem Belanglosen Bedeutung verleihen kann. Jedes noch so banale Zettelchen, auf dem du eine Notiz gemacht hattest, bekam neuen Wert auch, weil es in sich die Gewißheit deiner Existenz trug. Die alltäglichen Gegenstände, die du berührt, benutzt hattest, der Stuhl, das Buch, die Tasse, die Zahnpastatube, die Bürste, in der sich noch Haare fanden, die Kleider, die Uhr, die Brille, alles war vom Schatten des Todes überzogen und erfuhr dadurch eine höhere, schmerzliche Wertigkeit. Es sind die faßbaren Dinge, an die sich unser Heimweh klammern kann.

Eine alte Frau hat mir einmal von den Zeichnungen in ihrem Zimmer erzählt. Die Alb, die Teck,

Wandergegenden ihres Lebens. Der Maler war ein Freund ihres Vaters, der Vater war Architekt. Ob er denn viel gebaut habe, frage ich, und sie zögert. Na, es hätte mehr sein können, sagt sie dann mit dem wissenden Lächeln einer Tochter, die den Vater genau kannte.

Eines Mittags macht die Frau Lebensbilanz. Stundenlang gräbt sie Unerledigtes aus der Erinnerung, ordnet mit einer von nachdenklichen Ruhepausen unterbrochenen Gewissenhaftigkeit die frühere Beschäftigung. Post-Machen, Abrechnung vorbereiten, Kartei richten. Sie hört Telefone klingeln, sieht das Namensschild an ihrem Büro, verteilt Aufgaben. Und plötzlich mittendrin greifen ihre Arme suchend ins Leere. Ich solle sie doch nicht fallenlassen, herrscht sie mich an. Es sei doch so dunkel. Und ich halte sie.

Es tut gut, so ein Halt. Ach, was hätte ich mir gewünscht, es wären nach deinem Tod viel mehr gekommen, um uns Halt zu geben. Die Sprüche hätten sie für sich behalten können, Floskeln sind das, verletzende Gedankenlosigkeiten. Wenn sie sich wenigstens eingestanden hätten, daß sie nichts zu sagen wissen. Uns hätte allein ihre Nähe genügt und daß sie unsere Tränen dulden und die Trauer ertragen. Aber wie sollten sie auch damit umgehen können?

Es gibt bei uns keine Rituale der Trauer, sie sind

verlorengegangen, ausgestorben sozusagen. Trauer ist ein Tabu, der mühsame Weg des Trauerns wird eher als Schwäche empfunden denn als Stärke. Dabei ist er doch geradezu lebensnotwendig für die seelische Genesung nach der Lebenskatastrophe, die alles erschüttert hat. Trauerarbeit. Ein hartes Stück Arbeit für die Seele, der größte psychische Streß, heißt es, und manche zerbrechen daran. Aber diese Hölle der Gefühle hat auch ihren Segen. »Eine volle und mächtige Seele«, so schreibt Nietzsche, »wird nicht nur mit schmerzhaften, selbst furchtbaren Verlusten, Entbehrungen, Beraubungen, Verachtungen fertig. Sie kommt aus solchen Höllen mit größerer Fülle und Mächtigkeit heraus.«

Ich habe von einer Griechin gehört, die den Tod eines deutschen Nachbarn auf einfühlsame Weise mittrug: Sie ging ins Trauerhaus, umarmte die Witwe, schlug die Schürze über den Kopf, weinte bitterlich und ging. Welch ein Zeichen von Mitfühlen! Nichts Törichtes sagen, nicht beschwichtigen wollen. Das Leid zulassen und die eigene Hilflosigkeit. Das ist etwas anderes als die schalen Appelle: Kopf hoch! Das Leben geht weiter! Dem Verstorbenen ist es doch gut gegangen! So ein schöner Tod, fürwahr, was für ein schöner Tod!

Wie das weh tut! Wie kann ich denn den Kopf hochhalten, wenn mich der Schmerz zu Boden drückt? Und sicher geht das Leben weiter, wenn man es nicht selbst aus Kummer beendet. Aber wie geht es weiter? Interessiert dieses »Wie« überhaupt die beflissenen Ratgeber? Wahrscheinlich kaum. Sie wollen sich nur mit ein paar artigen Tröstungen davonschleichen. Sie sagen auch, wir bräuchten jetzt viel Kraft, um alles durchzustehen, wir müßten schon auch wegen der Kinder sehr tapfer sein.

Wie recht sie haben! Sie versäumen nur leider später die Nachfrage: ob die Kraft ausreichte oder ob die Last des Leidens uns erdrückte. Sie raten ferner: du darfst dich jetzt bloß nicht abkapseln – und bleiben fortan weg.

Wieviel bittere Enttäuschungen müssen Trauernde hinnehmen!

Es gibt ja nicht nur die Unfähigkeit zu trauern, es gibt auch die Unfähigkeit, Trauer zu ertragen. Man geht auf Distanz und drängt die Alleingelassenen vollends in ihre quälende Einsamkeit.

Weint doch mit den Trauernden! Laßt sie überhaupt trauern! Gesteht eure Hilflosigkeit ein, denn alle vermeintlichen Tröstungen sind vergebens, weil es nämlich nur diesen einen Trost geben kann, der in den Trauernden selbst heranwächst. Er kommt aus den Tiefen der Seele, und er braucht lange Zeit dazu, aber wenn er da ist, so hat es ein Pfarrer formuliert, dann sei das wie ein Wunder, ein göttliches Geschenk.

»Worte, die Dir jetzt wirklich nützen, werden nicht von anderen Leuten kommen, sondern nur von Dir.« So schrieb mir unser alter Freund B. Er kennt sich offenbar aus mit der Not der Seele. Außerdem ist er ein Dichter, er geht unter die Oberfläche.

Also, laßt eure Ratschläge! Aber laßt die Trauernden nicht im Stich! Sie brauchen andere. Der Mensch ist kein Einzelwesen. Seine Bindungen sind ein wesentlicher Lebensaspekt. Und nun, da die festeste Bindung zerrissen ist, nun muß er mühsam neue Fäden zu knüpfen versuchen. Helft ihm dabei!

Anfangs war ich schon froh über die Menschen in der Straßenbahn. Das milderte die Verlassenheit. Frau H. erzählte mir, sie stelle sich im Supermarkt immer an die Kasse mit der längsten Warteschlange. So sei sie lange unter Leuten, daheim warte ja nun niemand mehr auf sie, es eile nicht mit dem Einkauf, und warum kaufe sie eigentlich noch ein?

Früher kam auch mir einer entgegen bei der Heimkehr. Die Tür war weit geöffnet, du standest da, nahmst Gepäck ab, freutest dich. Dann stand plötzlich keiner mehr da. Unbarmherzig blieb die Tür geschlossen, abweisend, kalt.

Auch das Haus erlebte ich anfangs so verschlossen, ausgrenzend, leer. Fliehen wollte ich, immerzu fliehen, der Qual davonlaufen, die Pein der tausendfachen Erinnerung verdrängen. Bis ich begriff, daß es vor diesem Schicksal keine Flucht gibt. Das trägt man bei sich wie einen Schatten.

Vergessen wäre nur Betäubung. Grad so gefährlich wie die anderen Mittel, mit denen viele vergessen wollen. Alkohol, Medikamente, Zigaretten. Drogen fürs momentane Verdrängen, doch niemals Hilfen. Man muß standhalten. Diesen großen, langen Abschied in allen Phasen durchleiden, dieses emotionale Chaos, diese schrecklichen, mit der Heftigkeit eines unberechenbaren Sturmes anrollenden Schmerzwellen durchstehen, nur das hilft.

Trauerarbeit. Schwerstarbeit für die Seele.

Alles Vertraute wird zur Qual, offenbart Verlassenheit. Früher, mein Mann, mein toter Mann, da saßen wir beisammen, und jetzt? Früher genossen wir den Garten und die Ernte des Kirschbaums, und jetzt? Früher werkten wir gemeinsam in der Küche, das Haus war von vertrauten Stimmen erfüllt, und jetzt? Lauter Abschiede. Auch von Gewohnheiten, Alltäglichkeiten, Gepflogenheiten.

Erst mit der Zeit holen wir uns die Wärme des Vertrauten zurück. Nach und nach, Stück um Stück eignen wir es uns neu an.

Und so kehrte ich immer bereitwilliger in das Haus zurück, und immer barmherziger, liebevoller nahm es mich wieder auf. Meine Burg, meine Geborgenheit. Keine Festung gegen das Draußen, ich will mich ja weder verschanzen noch einmauern. Eine Heimat. Dein Zuhause, unser Zuhause, mein Zuhause, in dem ein Teil von dir weiterlebt.

Doch es dauert lange, bis wir so empfinden dürfen. Bis nicht mehr ein überflüssig gewordener Schreibtisch Weinkrämpfe auslöst und die im Schrank aufgereihten Kleidungsstücke zur Marter werden. Oder die Bücher. Wie hat mich ihr Anblick geschmerzt. Du hast sie gelesen mit einer Hingabe, die mich zuweilen ärgerte. Dann mußtest du gehen und konntest sie erst nicht mitnehmen, weil dies auch gar nicht notwendig war.

Alles nur geliehen. Alles Materielle bleibt zurück. Das Dinghafte ist irdisch. Alles nur Leihgaben für eine befristete Kostbarkeit mit Namen Leben. Was uns erfreut, was die Sinne begeistert, was wir schätzen und benutzen – alles nur geliehen. Es muß etwas anderes bleiben von uns. Nicht die Bücher an sich haben daher nun den Wert von Vermächtnis, sondern daß du sie gelesen hast.

Du hast Saint-Exupéry so gemocht. Wir haben für die Todesanzeige ein Wort von ihm ausgesucht. »Der Mensch ist einer, der nur dann glücklich stirbt, wenn er sich auf etwas anderes überträgt.«

Viele haben den Sinn begriffen und mir in wunderbaren Briefen eigene Gedanken mitgeteilt. Sie haben weitergedacht, was der alte Flieger andeutete. Du hast mir so oft von ihm vorgelesen, zuletzt aus der Biographie, wie er Nöte hatte mit dem Schreiben und den Verlegern. Du hast ihn geliebt, auch weil er Flieger war wie du einst. Irgendwo über dem Mittelmeer stürzte er ab. Er dürfte glücklich gestorben sein. Er hat sich ja übertragen. Und seit deinem Tod habe ich seine Bücher in mir aufgesogen wie eine Botschaft von dir – aber eine Botschaft des Heimwehs.

Wie gern hätte ich mit dir darüber sprechen wollen. Wegen eines einzigen Satzes konnten wir doch stundenlang diskutieren, die Köpfe redeten wir uns heiß. Und jetzt? Vorbei. Jetzt redet es in mir. Frage, Antwort, Dialog. Alles in einem. Ganz still da drinnen.

In den Stunden bei den alten Leuten im Heim, in der Allgegenwart des Todes, fühle ich mich dir, mein Mann, mein toter Mann, besonders nah. Du bist schon über die Schwelle gegangen, du kennst das Geheimnis. Du bist leicht davongegangen. Der Tod hat dich freundlich mitgenommen. Einen »schicklichen Abgang« haben die Kinder dies genannt. Sie haben es bei Bamm gelesen, den du ebenfalls gemocht hast. Auch das also hat sich übertragen, die Liebe zur Literatur. Die Suche nach Wahrheiten im Wort.

Du hast vielfältige Spuren hinterlassen, und wir

entdecken sie um so deutlicher, je mehr sich der dunkle Schleier von der Seele hebt.

Bei Schopenhauer habe ich gelesen, ruhig und sanft sei der Tod eines guten Menschen. Das gefiel mir. Für dich. Doch grundsätzlich? Was ist denn ein guter Mensch? Warst du einer, werde ich einer? Oder gibt es darüber gar kein menschliches Urteil? Möglich, daß da ein anderer endgültig befindet. Eine gerechte, höhere Instanz.

GEHEIMNISSE UND FRAGEN

Frau S. hat dein Bild gesehen, das über meinem Schreibtisch hängt und die Arbeit begleitet. Malta. Es war unser erster Urlaub ohne die Kinder. Es war April, in der Luft hing schon die Ahnung eines heißen Sommers, der das wenige Grün dort rasch austrocknen würde.

Wir genossen die Tage und standen staunend vor steinernen Rätseln der Vorgeschichte. Die Welt hat so viele Wunder, die Menschen hinterlassen so viele Geheimnisse. Wir halten uns für die Größten, Klügsten, Fortschrittlichsten. So weit wie wir kann noch keine Menschenepoche gewesen sein, denken wir. Wir haben schließlich den Mond erobert, der Himmel ist unser. Und dann stehen wir vor kolossalen Zeugen und erkennen die Größe der Ahnen.

Das war Malta. Wir wollten das künftig öfter machen, reisen, neugierig sein, entdecken. Die Kinder wollten jetzt eigene Wege gehen, wir sollten nach den Turbulenzen der intensiven Familienzeit also wieder mehr Zeit füreinander finden, und wir wollten sie gemeinsam ausfüllen, erfüllen. Aber dann mischte sich jäh der Tod ein und zerstörte die Zukunft. Alles vorbei. Nie mehr Malta. Ich will da nie mehr hin. Auch nicht nach Kanada. Immer wolltest du mir Kanada zeigen, ein schicksalhaftes Stück deines Lebens. Es kam nie dazu. Aus. Vorbei. Auch Kanada gestrichen.

Damals auf Malta zeigten sich noch keine Schatten. Wenige Wochen später jedoch gab es einen Befund. Du kamst gelassen vom Arzt nach Hause.

»Weib, setz dich hin und bleib ruhig!«

Da sei etwas auf einer Niere, nichts Böses, eine Operation, dann sei das Schlimmste behoben.

Abends saßen wir lange im Garten, und du sagtest mit geradezu feierlicher Nachdenklichkeit: »Da meint man immer, das Leben sei unendlich. Irrtum, mein Freund, kleiner Irrtum!«

Ich habe in der Nacht geweint, und ich weiß jetzt, daß wir damals begriffen haben. Wir wagten es nur nicht auszusprechen. Es ging ja auch alles gut. Operation. Genesung. Erfüllte Hoffnung.

Ein starkes halbes Jahr sollte dir noch vergönnt

sein – aber damals machtest du dich schon auf den Weg. Da begann dein Abschied. Fortan warst du so heiter und gelöst, als ob du die Erdenschwere bereits Stück um Stück ablegen würdest. Eines Morgens sagtest du auch, dein Körper sei dir so lästig. Du wolltest frei werden von ihm. Irdischer Ballast, der nur störte.

Das waren lauter Signale, die ich freilich erst viel später verstand. Am Abend vor deinem Tod redeten wir auch noch über die notwendigen Einkäufe des nächsten Tages. Du solltest Fisch besorgen, es war Freitag. Doch du verweigertest dich zum erstenmal.

»Nein, ich will nicht einkaufen gehen!«

Dann gingst du doch, wenigstens einen Teil des Weges, dann kam der Tod. Hast du das geahnt?

Oder wie dich auf einmal das Sterben anderer nicht mehr berührte. Das hat mich gewundert, wie du als Journalist von Todesnachrichten so unbeeindruckt bliebst. Auch ein Signal, wie ich nun weiß. Und plötzlich warst du bereit, neue Kleider zu kaufen, Anzüge, einen Mantel, alles mögliche wurde angeschafft, obwohl du dich früher eher dagegen gesträubt hattest. Und wenn wir ausgingen, machtest du dich besonders fein. Lauter Signale. Veränderungen, die man nur oberflächlich wahrnimmt, speichert – und im Angesicht einer furchtbaren Wahrheit erst richtig zu deuten vermag.

Frau H. war mit ihrem Mann kurz vor dessen Tod noch in Holland. Auf der Heimfahrt im Bus habe er plötzlich ganz laut gesungen, grad so wie früher, auch die Lieder von früher. Sie habe sich sehr gewundert und ihn angestoßen. »Ja, Mann, was ist denn los?« Er aber habe gar nicht reagiert. Nur gesungen. Ganz laut. Drei Tage später war er tot. Jetzt sind die Blumenfelder von Holland ihre letzte Gemeinsamkeit.

So wie für uns Malta. Dort ruht ein Schatz, den ich ruhen lasse. Er soll nicht durch Aufstöbern zerstört werden. Das Foto über meinem Schreibtisch ist eine der sichtbaren Erinnerungen. Du lächelst darauf etwas hintergründig, und Frau S. sagt, du seist sicher ein gütiger Mensch gewesen, das sehe man, voller Herzensgüte und Humor. Habe ich das immer gewürdigt? Habe ich überhaupt unser Leben mit jener Dankbarkeit erlebt, die ich jetzt fühle?

In qualvollen Stunden habe ich unsere gemeinsamen Jahre zurückgespult, aufgerollt, Fetzen um Fetzen zusammengetragen, Bilder, Briefe, Gespräche, Dokumente. Ich habe das Gedächtnis gemartert, damit es auch das Verschüttete freigebe, was es in vielen Jahren sorgsam aufbewahrte.

In Gedanken bin ich viele Wege noch einmal gegangen, immer weiter zurück führte die Spur. Es wollte mich zerreißen, weil mit dieser Rekonstruktion von Vergangenheit ja auch die Erkenntnis der Unwiederbringlichkeit wuchs. Diese Endgültigkeit ist so grausam. Alles habe ich in dieser finsteren Hölle, die Trauer heißt, im Schmerz nachempfunden. Freuden, Kämpfe, Liebe, Streit, Übermut, Ärgernisse, wie wir zusammenfanden, wie wir eine Familie wurden, das Heranwachsen der Kinder, die Arbeit, das Haus, Reisen, Feste, Freundschaften, Glück und Sorgen, unseren Optimismus und unsere Gespräche.

Ach, die Gespräche, wie sie mir fehlen! Die Mahlzeiten sind so einsam, kaum daß mehr der Tisch gedeckt wird. Man kann den Kaffee ja auch im Stehen trinken und notfalls aus der Pfanne essen. Das ist zwar stillos, aber was soll's?! Man kann Zeitung auch ohne lebhafte Diskussion lesen und fernsehen ohne Dialog. Man muß das doch!

Und abends, wenn ich heimkomme und den Tag mitteilen will – wo ist der geduldige Zuhörer, der auch Banalitäten ernstnimmt und einfühlend selbst einem verkorksten Tag ein versöhnliches Ende gibt? »Nimm's leicht, egal, was gewesen ist heute. Du bist trotzdem in Ordnung, du bist doch meine Frau. Komm her, nimm's leicht. Und morgen ist wieder ein Tag.« So war das. Denn in diesem kleinen Privaten, das Ehe, Familie, Partnerschaft heißt, in diesem Allerkleinsten einer Gesellschaft ruht das Allerwichtigste: das Vertrauen, das Vertraut-Sein. Hier ist der Mensch daheim, so wie er ist, nicht wie er sein muß. Das Gegenüber des Partners gibt ihm den Halt für den Lebenskampf und holt ihn gegebenenfalls auch auf den Boden zurück. Erde und Himmel zugleich. So war das. Die Bindung ist das feste Seil, mit dem man Höhen erklimmen kann und auch in den Tiefen nicht taumelt.

Dann kommt der Tod und zerschneidet eiskalt dieses Seil. Absturz ins Nichts. Alles zerreißt. Die heilige Ordnung des Lebens – dahin. Das Zusammenleben – vorbei. Jetzt bräuchte man so sehr den anderen, um an dessen Brust zu klagen. Aber jetzt ist man halbiert, und nur die Kissen saugen den Schmerz auf.

Die gute Frau Professor B., die mir mit dem heiteren Glück einer weisen Achtzigjährigen sagte, sie sei zweimal mit großartigen Männern verheiratet gewesen, die beide ihr Leben unendlich bereichert hätten, diese Frau erwähnte in einem erfrischenden Telefonat die Witwenklage einer englischen Autorin. Es fehle ihr der Mensch, so schrieb diese, dem sie auch von den Rissen in den neuen Lackschuhen berichten könne. Das hat mir gut gefallen. Das trifft es. Wer interessiert sich jetzt für die Risse in meinen Schuhen? Es interessieren sich viele für mich, viele nehmen an meinem Leben Anteil, der Kreis ist sogar recht groß geworden, das macht mich glücklich. Doch wer will etwas von den kleinen Lackschäden wissen?

TRAUER HAT VIELE GESICHTER

Nach deinem Tod war ich leer, ausgeblutet, ausgehöhlt, eine Hülle. Ich funktionierte wie ein Automat, der sich jeden Morgen selbst aufziehen muß. Mechanische Energiezufuhr. Rappel dich hoch, nimm den Tag an, versuch es wenigstens, wage noch einmal dieses »Dennoch« – auch den Kindern zuliebe. Dein Mann wäre enttäuscht, wenn du aufgeben würdest, geh an dein Werk, du hast ja auch deinen Beruf, du hast Aufgaben, so sagte ich mir. Manchmal versöhnte mich der Tag dann mit der Sehnsucht der Nacht. Hauptsache er war bewältigt. Wieder ein Stückchen zurückerobert vom Leben. Wieder einen Zentimeter mehr Boden unter den Füßen. Wieder eine Ahnung von einem höheren Halt. Du da oben, der du die Menschen zusammenführst und auseinanderführst, wenn es dich da oben gibt, dann achte auf uns. Nur ein bißchen.

Anfangs quälte ich mich auch mit Vorwürfen, daß ich unsere Gemeinsamkeit nicht in tiefen Zügen genossen hätte. Die Zeit ging so rasch dahin. Wir dachten ja nicht, daß die Frist so bemessen sei.

Sicher wünschten wir uns oft, den Augenblick anzuhalten. Jetzt gäbe ich viel nur für einen einzigen Augenblick. Ich wollte ihn gar nicht anhalten. Nur haben. Einen Augenblick dich sehen, deine Hand spüren, mich von deinem Lächeln aufheitern lassen. Einen Augenblick eine Umarmung, ein Wort, eine Zärtlichkeit. Wunschträume, die im Innern so brennen! Doch vielleicht wärst du, mein Mann, mein toter Mann, sehr traurig, weil du uns Kummer bereitest. Aber ist es nicht gut, wenn Zurückbleibende trauern?

Manche freilich tun dies mit großem Selbstmitleid. Ich habe Frauen kennengelernt, die mit der Trauer niemals zurechtkommen. Sie verdrängen nur und erschöpfen sich in Depressionen. Sie suchen Ärzte sämtlicher Fachgebiete auf, die können ihnen zwar auch nicht helfen, aber sie schicken sie weiter zum nächsten Doktor und so weiter. Diese Frauen laufen vor der Trauer davon und werden eines Tages daran zerbrechen. Pathologisch trauern. Krank sein für ewig.

Das Trauern kann man schließlich auch nicht lernen, jedenfalls nicht direkt. Auch früher war mir doch Sterblichkeit bewußt, auch früher kannte ich Witwen, die litten. Und es gab gewiß einige in unserer Umgebung, die an uns gelitten haben: wir kamen daher als temperamentvoll-fröhliches Paar – und ihre eigene Partnerschaft war zerstört.

Tod, so scheint es, ist immer das Schicksal der anderen. Und dann bricht er mit einer brachialen Plötzlichkeit über uns herein, und fortan sind wir es selbst, die leiden im Kreis der fröhlichen Paare.

Viele Witwen wundern sich später, wie sie das alles überhaupt durchstehen konnten. »Ich könnte das kein zweites Mal«, sagen sie, »nie mehr bekäme ich dafür die nötige Kraft.« Es ist aber schon so, wie der Pfarrer zu uns sagte, daß einem irgendwie auch Kräfte zuwachsen. Und ein wesentlicher Teil davon rührt gewiß auch aus einer guten Partnerschaft. Sie kann den Tod überdauern. Ich komme mir vor wie ein Eichhörnchen. Ich habe gesammelt und gesammelt für die karge Winterzeit. Der Tod macht so einen Winter, und dann gräbt man die gut versteckten Schätze aus.

Es haben mich Krämpfe geschüttelt beim Blick in unsere Fotoalben. Diese Bilder! Diese unbeschwerten Zeiten! Vorbei. Jetzt nagt die Sehnsucht. Noch einmal zusammen in die Schweizer Berge. Noch einmal die Anstrengung eines Aufstiegs erleben, den Triumph der Selbstbezwingung. Daß wir das geschafft haben, Donnerwetter! Noch einmal Segantinis Hütte aufsuchen oder jenes auf der Höhe schlummernde »Paradies«, wo es die köstlichste Erbsensuppe gab. Noch einmal die beschwerlichen Wege gehen und das Abendessen als Lohn genießen. Jeden Meter Weges würde ich als

Beglückung nehmen, jeden Stein würde ich mir merken, jedes Wort von dir wäre Offenbarung. Vorbei. Alles vorbei. Nie mehr gehe ich in die Schweizer Berge. Auch dort ist ein Stück Gemeinsamkeit bewahrt, das ich nicht durch aufdringliche Suche zerstören will.

Ich gehe nicht einmal mehr unsere Spazierwege. Sonntags hinauf in den Wald oder durch die Felder. Vorbei. Ich kann das nicht. Andere Trauernde tun so etwas, sie gehen die Wege zurück in der Hoffnung, Spuren des Verstorbenen zu finden, und vielleicht gelingt es. Ich gehe neue Wege. Jeder trauert auf seine Art, es gibt keine Regeln, keine Vorschriften. So wie man es tut, so ist es in Ordnung: Das Innerste sagt, was wichtig und richtig ist.

Ich erinnere mich unseres letzten Sonntagsspaziergangs. Querfeldein über Wiesen, auf denen noch der Winter ruhte. Die Natur war kurz vor dem Erwachen, und ich wunderte mich, daß du so weit gehen wolltest, obwohl dir das sonst Mühe machte. Immer noch ein Stück weiter zog es dich. Vielleicht hast du damit Abschied genommen von einer vertrauten Umgebung. Meter für Meter hast du der Natur ade gesagt. Meter für Meter hast du Liebgewordenes losgelassen.

Letzter Spaziergang. Letzter Sonntag. Immerzu diese letzten Handlungen und Erlebnisse. Dein letzter Anruf, die letzte Bahnfahrt, letzte Notiz, letzter Einkauf, letzte Arbeit im Garten, das letzte Lachen. Das letzte Gespräch morgens beim Frühstück, über einen Nachruf in der Zeitung – ausgerechnet! –, über den Nachruf auf Thomas Bernhard. Letzte Umarmung. Letzter Gang. Immerzu etwas Endgültiges.

Und jetzt die neuen »Merkdaten«, diese furchtbaren Premieren. Der erste Sonntag ohne dich, das erste Ostern und Weihnachten, die erste Kirschblüte, die du nicht siehst, der erste Schnee auf deinem Grab, der erste Todestag. Und der Sohn fängt das Studium an ohne väterliches Geleit, und die Tochter macht Abitur, ohne daß sich der Vater mitfreuen kann.

»Schau an, unsre Kleene«, hättest du gesagt, »die Kleene hat die Reife.« Gewiß wärst du stolz auf die Kinder, daß sie es trotzdem schaffen.

Die Trauer der Kinder ist ja eine andere als die Trauer der Frau. Und was richtet sie an in ihnen? Wie leiden sie, wenn die Freunde noch Väter haben, nur sie nicht? Wie vermissen sie den Vater, der ihren Werdegang nicht mehr begleiten darf? Vielleicht sind diese Kinder aber auch reifer als andere, gestärkter fürs Leben. Vielleicht zählen ihre Freuden nun doppelt. Denn sie haben eine Ahnung vom Ende. Sie wissen Bescheid.

Der Mann von Frau S. starb auch so einen raschen Tod, auf den Angehörige nicht vorbereitet sind: Er schleppt sich vom Keller in die Wohnung, fällt um, sie rennt verstört zum Telefon, ruft Hilfe herbei, weiß nicht einmal mehr die eigene Telefonnummer, und derweil geht ihr Mann mit einem schweren Seufzer davon. Dies sei sein Abschied gewesen, sagt sie heute, »daß er sich noch zu mir geschleppt hat«.

Frau U. dagegen, die mir eines Tages entsetzt mitteilt, daß nun auch ihr Mann diesen plötzlichen Tod gestorben sei, sie verhielt sich recht ungewöhnlich. Sie bettete den Toten auf den Teppich und blieb einige Stunden bei ihm sitzen. Das war ihr Abschied, ihre Totenwache. Der Arzt beschimpfte sie später, doch das war ihr egal. Er hätte ohnehin nichts mehr retten können, sagte sie zu ihm, diese letzten Stunden mit ihrem toten Mann jedoch, die könne ihr keiner mehr nehmen. Denn danach ging ja alles wie üblich so schnell. Einsargen, Wegbringen, Bestattungsformalitäten. Der Abschied hat ja auch seine funktionale Seite.

Frau S. ist sehr gläubig. Ihr träumte von einem Schiff, mit dem ihr Mann, ihr zuwinkend, wegfuhr. Sie war überzeugt, daß »er mich bald nachholt«, daß auch ihr Lebensschiff bald zum andern Ufer aufbrechen würde, weil der Herrgott doch nicht so ungnädig sein und sie allein zurücklassen könne. Nach dem Tod des Partners hoffen ja viele, nicht mehr leben zu müssen. Diese Hölle aus

Schmerz, Ohnmacht, Aufbegehren, Zorn, Verzweiflung, Depression, Heimweh, diese Trauer löst einen nie zuvor erlebten Lebensüberdruß aus. Doch die wenigsten Witwen legen Hand an sich, Witwer tun dies eher. Vielleicht haben sie wirklich weniger Kraft, emotionalen Schlägen standzuhalten, vielleicht sind sie einfach auch hilfloser, sie heiraten, laut Statistik, im übrigen rascher wieder als Witwen.

Der Tod lehrt die Freude am Leben: daß sich das Dableiben lohnt. Das wollen wir anfangs so nicht wahrhaben, doch später registrieren wir dies mit neuer Zuversicht. Und wer trüge denn das Andenken weiter, wenn wir aufgeben würden? So empfand auch Augustinus beim Tod des besten Freundes: Alles war ihm nur noch Qual, das Leben ein Martyrium, er sehnte den eigenen Tod herbei und begriff, daß mit seinem Sterben die Erinnerung an den Freund verlöschen würde.

Vielleicht halten wir auch deshalb durch, weil die Todesangst die Angst vor dem einsamen Leben übertrifft. Frau H. sagte mir einmal, sie habe eine günstige Stelle gefunden, wo sie sich vor die S-Bahn werfen könne. Sie war fast vierzig Jahre verheiratet, eines Mittags starb ihr Mann, seitdem habe ihr Leben Inhalt und Fülle verloren. Was solle sie im Alter noch beginnen? Doch das mit der S-Bahn war so ernst nicht gemeint, sie merkte das bald. Als sie nämlich eines Tages Herzbeschwerden bekam, ging sie sofort aufgeregt zum Arzt. Das ist Lebenswille, und den brauchen wir. Nein, wir wollen den Toten nicht augenblicklich nachfolgen. Wir haben nur so eine unbeschreibbare Angst vor der Gegenwart mit ihren Peinigungen und Angst vor der Zukunft, die wir allein bestehen sollen.

Wie oft habe ich mich danach gesehnt, einzuschlafen und nicht mehr aufzuwachen. Der Schlaf war der große, gnädige Beschützer. Für Stunden tilgte er den Kummer aus dem Bewußtsein, hüllte das Weh ins Dunkel und schenkte dafür wundervolle Traumbilder. Du warst da, du lächeltest. Es gab dich! Im Schlaf war Geborgenheit und Ruhe nach dem Aufgewühltsein des Tages. Ich wollte schlafen und vergessen. Ich schlief und vergaß. Aber der Morgen raubte alle Hoffnung und offenbarte unbarmherzig die Realität. Wo ist dein Mann? Warum liegt er nicht neben dir, warum hat er dich nicht geweckt und warum sind nicht die vertrauten Morgengeräusche im Haus? Allmählich dämmert die Wahrheit. Oh, nein! Man schreit den Schmerz an die Wand und weint die Verzweiflung ins Kissen. Nie mehr wird er neben dir sein. Du wirst kalte Nächte haben, Sehnsucht nach der Wärme des vertrauten Körpers. Du wirst Heimweh haben, grenzenloses Heimweh.

Oh, mein Mann, mein toter Mann, du kannst

nicht wissen, was der Tod auslöst. Manchmal war ich richtig zornig auf dich, weil du es dir so einfach gemacht hast. Du hast die Kämpfe bestanden und läßt uns allein weiterkämpfen. Du schütteltest dieses Erdendasein ab wie der Adler, der den Staub aus den Schwingen streift und sich emporhebt. Und wir bleiben zurück in einem großen, schwarzen Loch. Wenn es wenigstens ein Tunnel gewesen wäre, dann hätten wir eine Ahnung gehabt von der Gewißheit des Lichts. Aber in diesem Loch gibt es keine Hoffnung auf Licht. Und selbst wenn wir uns mit der Zeit hochrappeln, um herauszukommen – immer wieder wirft uns etwas zurück. Das hast du nicht erfahren müssen, das blieb dir erspart.

Aber warum sind es vor allem die Frauen, die das emotionale Geschehen so intensiv durchstehen müssen? Frauen bekommen Kinder und sind stets in Fürsorge für andere. Das macht sie sensibel, sicher auch manchmal ungerecht, herrisch oder untertänig. Frauen pflegen kranke Partner und alte Eltern, sie erledigen mit Liebe und Pflichtgefühl all diese »menschlichen«, die sozialen Aufgaben. Männer halten sich aus vielem heraus. Und die meisten sterben vor ihren Frauen, und jetzt müssen die Frauen auch noch die Last der Trauer aushalten.

Wie hättest du um mich getrauert? Wärst du erstarrt oder befreit gewesen? Hätte dich das Heimweh zermürbt und der Verlust bezwungen?

DER AUGENBLICK ZÄHLT

Es heißt, daß der Mensch im Augenblick des Todes sein Leben wie im Film an sich vorüberziehen sieht. War das so? Warst du zufrieden mit dem, was dir das Schicksal zudachte und was du daraus machen durftest? Ich habe mir eingeredet, daß deine letzten Gedanken uns galten, der Familie. Vielleicht war das so, vielleicht auch nicht. Es hat mir jedenfalls geholfen. Und wir brauchen doch viele kleine Trostpflaster, wenn der ganze Körper eine offene Wunde ist, aufgerissen durch eine Lebenskatastrophe. Du gehst eines Morgens weg von daheim, einige hundert Meter zur Haltestelle, weil du Besorgungen machen willst. Dann nimmt der Tod dich einfach mit. Warum das, warum?

Ach Weib, würdest du sagen, gräm dich doch nicht! Sei nicht so traurig! Du bist noch jung, für mich war es Zeit. Das Leben war erfüllt. Unsere gemeinsame Welt war wunderbar, also zehr davon! Und die Kinder sind stark genug, auch ohne den Vater zu leben, es sind doch unsere Kinder!

Ich habe mir damals eine Geschichte ausgedacht

grad so wie früher, als die Kinder klein waren: Du seist an jenem Morgen abgeholt worden, sagte ich, da kam einer und hat Vater abgeholt. Möglich, daß es ein Engel war oder jedenfalls ein Begleiter. Auf diese große Reise geht der Mensch sicher nicht freudig. Aber wenn ihn einer an der Hand nimmt, dämpft das die Bangigkeit. So kam also jener zu dir. »Komm, es ist soweit. Du weißt ja Bescheid.« Du bist überrascht. »Wieso heute schon, ausgerechnet heute, das ist wirklich nicht gut.« Der andre wird energisch. »Versuch nicht zu handeln, du bist vorbereitet, ich habe dich längst eingeweiht, also mach keine Geschichten und komm.« Du zögerst immer noch. »Du mußt wissen, daß ich erst noch Fisch besorgen muß für den Mittag. Ich habe das versprochen. Es gibt Fisch, es ist Freitag.« Der andre wehrt ab. »Unsinn, deine Familie verhungert nicht. Eine Zeitlang wird das Essen ohnehin keine Rolle mehr spielen. Und nun komm. Wir müssen bald da unten sein an deinem vorgesehenen Ort. Ich habe dir zugesichert, daß du nicht im Haus sterben sollst, weil dieses ein Haus des Lebens bleiben soll und weil du aufrechten Ganges dieses Haus verlassen möchtest. Deshalb müssen wir nun gehen. Also komm endlich.«

Und du schaust dieses Haus an, denkst an alles, was du zurückläßt und daß es nicht deine Art ist, sich einfach davonzuschleichen. »Ich muß mich noch von der Familie verabschieden. Frau, Sohn, Tochter, was wird mit ihnen?« Der andre tröstet dich. »Nein, das mußt du nicht. Du hast dich längst verabschiedet, sie haben es nur noch nicht begriffen. Doch sie werden bald begreifen, glaube mir. Und jetzt gehen wir, ich mache es dir leicht.«

Und du folgst ihm. Und er hält Wort.

Aber wir merken nichts. Immer dachte ich, wenn in der Familie etwas Furchtbares geschieht, dann werde ich das fühlen, dann muß in mir doch etwas bersten. Nichts dergleichen geschieht. Der gewaltige Hammerschlag erreicht mich erst später und betäubt mich mit gnadenloser Wucht. Fortan werde ich nahezu unempfindlich sein gegen die kleineren Schläge, sie prallen ab.

Es gibt doch nichts Schlimmeres als den Tod. Alles ist zu regeln, in Ordnung zu bringen, einzurenken, zu reparieren, nur dieses nicht. Machtlos sind wir diesem Unfaßbaren ausgeliefert, das den Gram ins Gesicht gräbt und Silber ins Haar wirkt, das die Seele aufreißt und dem Gedächtnis Merkkraft raubt. Was sind demolierte Autos, verpatzte Arbeiten, unerfreuliche Begegnungen gegen den Tod! Was der Ärger im Beruf und die Widrigkeiten des Alltags! Das ist alles so klein, und der Tod ist so groß. Und wie sich Menschen über das Wetter ereifern können! Es regnet, und sie schimpfen, weil die Sonne nicht scheint. Und wenn die Sonne alles richtig aufheizt, rufen sie nach dem Regen. Die Welt ist voller Katastrophen, und sie sorgen sich, ob die Sommerferien heiß werden. Manchmal möchte ich solchen Leuten ein bißchen Trauerarbeit auf den Weg wünschen, damit sie endlich begreifen, was im Leben wichtig ist.

Der Tod, der große Lehrmeister des Lebens. Wenn er Teil unseres Daseins geworden, wenn auch unsere eigene Endlichkeit ins Bewußtsein gerückt ist, dann erleben wir ihn nicht mehr als einen Feind. Irgendwann können wir ihn sogar akzeptieren, und fortan leben wir anders. Vielleicht bedarf es überhaupt der herben Verluste, damit sich das Bewußtsein verändert. Leben ist fortwährend Verlust, fortwährend Abschied. Aber erst durch den großen Abschied werden wir dessen gewahr. Und dann leben wir den Tag, das Heute. Ich habe früher auch immer nach dem Morgen und Übermorgen geschaut, habe geplant, verplant, das Jahr beizeiten eingeteilt und über mancher Planungshast wohl den Genuß der Gegenwart versäumt. Späte Erkenntnis, schmerzliche Erkenntnis. Doch jetzt bestimmt sie das Leben. Denn jetzt weiß ich, daß es von einem Augenblick auf den anderen beendet sein kann. Damit ist dann alles vollendet, selbst das scheinbar Unvollendete: durch den Tod erhält auch das Fragment seine Vollkommenheit.

Am ersten Jahreswechsel ohne dich, mein Mann,

mein toter Mann, ging ich auf einen Stuttgarter Hügel. Da war ein riesiges Silvesterfest im Gang, unglaublich viele Menschen waren dort versammelt mit Mengen von Feuerwerk und Alkohol, junge Menschen zumeist, und ich fühlte mich in dieser lärmenden, feiernden, trunkenen Masse gut aufgehoben. Hier sah niemand die Tränen, hier konnte mich nicht die lähmende Einsamkeit erdrücken. Und jede in den Nachthimmel jagende Rakete war wie ein feuriger Gruß an dich. Im Jahr zuvor waren wir noch im Theater gewesen. Peer Gynt. Ein guter Abend. Die Figur des Knopfmachers hat uns besonders beeindruckt. Wie der Tod sich unerbittlich meldet, wie er sein Recht fordert. Ein paarmal läßt er sich zurückdrängen, dann ist der Handel aus. Nach diesem Abend blieben dir noch sechs Wochen.

Im Jahr darauf also bin ich auf jenem Berg, und plötzlich tritt ein älterer Mann auf mich zu und erzählt von früheren Jahreswechseln an dieser Stelle. Alles sei anders gewesen damals. Jetzt sei das doch wie Walpurgisnacht, sagt er, Schwefelgeruch, Gejohle, kein Stil mehr, und »am Ende alle besoffen«. Vielleicht war der Mann Philosoph oder Künstler oder ein Engel, ich rätsle. Und als die Raketen in den Himmel zischen und sich die Leute umarmen, da ruft er wie ein Fanal ein »Carpe diem« in diese denkwürdige Nacht.

Carpe diem. Nutze den Tag. Ein großes Wort, wenn sich grad ein neues Jahr mit 365 Tagen ausbreitet. Dann verschwindet der Mann, und ich rede mir ein, daß er nur gekommen sei, um mir dieses Fanal ins Bewußtsein zu hämmern.

Carpe diem. Die Losung der Trauernden. Schau nicht nach morgen oder übermorgen. Nutze den Tag, den Augenblick, was heute ist, zählt. Die Arbeit, eine Begegnung, ein Anruf. Vielleicht gibt es dieses Morgen, dann nimm es bereitwillig an und nutze es ebenso, deine Frist ist nämlich bemessen. Aber heute blüht die Lilie im Garten, und heute ruft der immer noch temperamentvolle H. an, der Alter und Krankheit so wunderbar meistert, ein Künstler, ein Alterskünstler dazu, heute sind die Kinder mal wieder zu Hause, heute regnet es, und der Regen ist gut für den Garten.

WARUM GERADE DU?

Deinen Tod haben sie mir damals im Büro mit der erforderlichen Nüchternheit mitgeteilt. »Sie müssen sich auf eine schlimme Nachricht gefaßt machen. Ihr Mann ist tot.« Ich sitze da, stiere vor mich hin, denk, dein Mann ist tot, na und. Ich kann nicht weinen, nicht reagieren. Es ist in diesem Moment etwas in mir zu Eis erstarrt, da ist etwas abgestorben, fortan werde ich mechanisch funktionieren, das Unfaßbare zunächst nicht fassen wollen, ignorieren, weil es doch gar nicht sein kann, was reden die für dummes Zeug. Ich werde den Sohn anrufen mit erschreckender Gefühllosigkeit: Komm heim, dein Vater ist tot. Ich werde Verwandte und Freunde anrufen: Mein Mann ist tot.

Ich bin 48 und Witwe und begreife noch nicht, der Sohn ist 20, macht Zivildienst bei alten Menschen und soll jetzt keinen Vater mehr haben, die Tochter ist 17, und nach der letzten Schulstunde an diesem Freitag, wenn sie sich auf das freie Wochenende freut, wird sie erfahren, daß ihr Vater gestorben sei. Schlagartig endet Jugend. Jetzt müssen die Kinder erwachsen sein. Jetzt kann nichts mehr an väterlicher Zuwendung, Zuneigung kommen. Alles ist von nun an Vermächtnis. Später werden sie die Ordner mit den Artikeln durchforsten, auf der Suche nach dem Vater, nach seinen Botschaften, und der Sohn wird sich sogar einen Leitartikel über den Schreibtisch hängen. »Wider die Ichsucht«, deinen Weihnachtsartikel von 1966, den hängt er auf, als ob er dem Vater damit endgültig beweisen müßte, daß sein steter Kampf gegen kindlichen Egoismus nicht vergebens war.

Ich rufe die Ärztin an: Mein Mann ist tot. Tags zuvor warst du noch bei ihr gewesen, und beim Abendessen sagtest du uns, daß du jetzt nie mehr zu Ärzten gehen würdest, du hättest genug von den Weißkitteln. Sie reagiert natürlich betroffen. »Er hat das so gewollt, so einen raschen Tod.« Anderntags wird sie sich nach unserem Befinden erkundigen, ich werde alle Mittel ablehnen, kein Medikament, keine Beruhigungsspritze soll den Schmerz betäuben. Ich kenne ihn ja sowieso noch nicht genau, noch hält er sich zurück, aber im Innern braut sich schon das Chaos zusammen. Die Ärztin wird sich später dann nicht mehr erkundigen. Ärzte können sich offenbar nicht sehr um Trauernde kümmern. Für die Verwundungen der Seele gibt es keine Pillen. Da hilft am besten der Mensch, und der Mensch wendet sich ab. Selbst Pfarrer tun sich schwer mit Trauernden.

Irgendwie stören diese Leid-Tragenden die alltägliche Ordnung. Ihre Gegenwart ist eine lästige Mahnung an die Vergänglichkeit, zuweilen sogar eine Zumutung, wie mir eine Frau in einem traurigen Brief bestätigte. Sie wohnt in einer Kleinstadt, und wenn die Leute sie kommen sehen, »gehen sie auf die andere Straßenseite«. Man geht auf Distanz zu Trauernden. Auf Distanz zum Tod. Man nimmt ihn allenfalls zur Kenntnis und geht sofort wieder zur Tagesordnung über.

Der Mensch in der Leistungs- und Spaßgesellschaft, der etwas leistet und sich etwas leistet, Konsum ebenso wie Vergnügen, dieser Mensch will vom Ende des Spaßes nichts wissen. Der Tod ist der große Spielverderber. Und Trauernde sind seine Beweise. Allein schon dieses Schwarz! Nie hätte ich für möglich gehalten, daß ich jemals Trauerkleidung tragen würde. Das seien doch reine Äußerlichkeiten, meinte ich früher. Und dann ging es mir wie Frau S. Dieses Schwarz, sagte sie, das habe ihr Geborgenheit gegeben. Ein düsterer Panzer, der vor Verletzungen bewahrt, ein Signal der Unnahbarkeit. Aber das Schwarz macht auch einsam. Man nimmt Abstand. Man wechselt eben auf die andere Straßenseite. Grad jetzt, wo man Zuspruch bräuchte. Denn auch das prägt ja die Situation der Trauernden: Sehnsucht nach Nähe und Sehnsucht nach Distanz liegen nah beisammen. Die Gefühle sind in Aufruhr.

Viele Trauernde können darüber nicht sprechen. Fast klaglos, dumpf erdulden sie ihr Leid, weil sie nicht in Worte fassen können, was ihre Seele, ihr Gemüt, der Körper mit ihnen an Verwirrendem macht. Der Mensch in Trauer braucht den Menschen. Den einfühlsamen Menschen, der seine Klage versteht. Und dies sind vorwiegend andere Trauernde.

Ich bin in eine Gruppe gegangen. Eigentlich wollte ich das nicht, zu viel Leid auf einmal kann einen doch in die Tiefe zurückstürzen auf dieser schwierigen Gratwanderung. Außerdem dachte ich, daß zu diesem Wochenende vornehmlich ältere Frauen kämen, und die hätten ja nun, sage ich zu den Kindern, ein langes Leben mit ihren Männern gehabt, ich dagegen nicht, das sei ein Unterschied. Und dann ist alles anders. Etliche Frauen sind sogar jünger als ich. Krankheiten nahmen ihnen die Männer, einer anderen raubte das Schicksal »aus Versehen« den Mann, er wurde bei der Jagd von einem leichtsinnigen Menschen erschossen, »aus Versehen«, und ein Mann hat einfach nicht mehr leben wollen. In einem verborgenen Winkel ging er davon, jetzt schreit die Frau unkontrolliert ihr inneres Chaos hinaus. Einige Frauen sind natürlich auch älter, sie tun sich besonders schwer mit ihrer Verlassenheit, und eine andere ist bereits ein Jahrzehnt Witwe und hat es immer noch nicht begriffen. Verschleppte Depressionen. Verdrängte Trauerarbeit.

Da sind wir nun versammelt, dreizehn Schicksale, dreizehn Tode, eine Tortur ist es, wenn dieses alles in schmerzlichen Ausbrüchen offenbart wird, doch hier beginnt auch Genesung. Wir weinen und schweigen, reden und lachen. Hier dürfen wir trauern und über das sprechen, was andere nicht hören wollen.

Die Gesellschaft setzt eine knappe Trauerfrist von ein paar Wochen, dann haben wir wieder »normal« zu sein. »Na, nun hab' dich mal nicht so!«, sagen Angehörige. Und wir haben uns dann eben nicht so. »Haben Sie den Tod Ihres Mannes denn immer noch nicht verkraftet?«, weisen uns andere zurecht. »Sie müssen jetzt an sich denken, es ist doch schon eine Weile her!« Und wir ersticken den Zorn über das Unverständnis in Tränen.

Im Büro werden sie mir Freitag abends ein »Schönes Wochenende« wünschen und für das erste Osterfest ohne dich, mein Mann, mein toter Mann, geben sie mir ein fröhliches »Also, frohe Ostern!« mit auf den Heimweg. Es bringt mich schier um. Aber ich schweige. Und daheim schlage ich mit den Fäusten auf einen Sessel ein. Warum sind die Menschen so wenig einfühlsam?

Lieber Gott, warum mußte mein Mann sterben?

Immer wieder plagt mich dieses Warum. Ich stehe am Fenster, sehe Paare vorübergehen. Warum hat die noch ihren Mann und ich nicht? Sonntags sind Familien unterwegs, Paare spazieren durch die Gegend, junge, alte, schweigende, lachende, langweilige, lebhafte, einige werden sich sogar hassen. Aber sie sind alle noch beisammen. Und warum ausgerechnet die und wir nicht? Es gibt Veranstaltungen, zu denen man »als Paar« geht, und Einladungen an Paare, die ganze Welt ist voller Paare, nur ich bin allein. Warum leben andere Männer weiter und meiner nicht?

Dann las ich Todesanzeigen und war empört,

daß Menschen älter werden durften als mein Mann, und der Tod Jüngerer gab mir eine Genugtuung. Ich wurde fast irre an mir, es war so schlimm, dann fiel mir auf, wer alles schon gestorben war, Goethe, Mozart, Einstein, nicht einmal die also waren unsterblich, das war irgendwie tröstlich. Also hat das wohl seine Ordnung.

Der Tod und der Sinn. Die Ordnung der Schöpfung. Der Kreislauf. Werden und Vergehen. Ankommen und weggehen. Aber du fehlst mir so, mein Mann, mein toter Mann.

WIEDER BODEN UNTER DEN FÜSSEN

Das Trauer-Wochenende ist gut. Aufwühlend zwar, doch heilsam, beruhigend. Bei den anderen Teilnehmerinnen erlebt man nicht nur die unabänderliche Tatsache eines Todes, sondern auch die Erfahrung ähnlichen Erlebens: herbe Enttäuschungen mit vermeintlichen Freunden, wundervolle neue Begegnungen mit vorher unbekannten Menschen. Schmerz, Lebensüberdruß, Kopf-Hoch-Appelle, Angst vor dem neuen Weg, Hoffnungen, erste Spuren von Dankbarkeit für gehabtes Glück. Natürlich kann uns der Pfarrer unsere Männer nicht zurückholen, und an der radikalen

Trennung durch den Tod ändert auch dieses Wochenende nichts. Aber es hilft weiter, und es ergeben sich sogar Beziehungen. Welch eine Entdekkung, daß wir allmählich wieder zu neuen Beziehungen fähig sind! Welch ein Geschenk!

Häufig sitze ich fortan mit einigen Frauen zusammen. Trauerarbeit. Wir machen uns Mut zum Weitermachen immer aufs neue. Eine kann an der anderen sehen, wie sich das Leben verändert, daß es eine neue Dimension bekommt. Trauerarbeit. Wir sehen die vielen kleinen Schritte, die uns weitertragen. Der Mensch ist des Menschen Halt.

Für etliche gibt es auch diesen anderen Halt, die göttliche Gewißheit von Ewigkeit und Wiedersehen. Fast schwärmerisch beschreiben ein paar Frauen bei diesem Wochenende das heiße Glück eines jenseitigen Wiedersehens. »Mein Mann wird mir entgegenkommen, er wird eilen . . .« Trostbilder seien das, sagt der Pfarrer, Trostbilder. »Behalten Sie sie!« Immerhin ist das doch eine Hoffnung, und Hoffnung ist Leben. Der Pfarrer sagt aber auch etwas, was viele vielleicht bis heute nicht ganz erfaßt haben: daß nämlich die Auferstehung in uns beginne. In den trauernden Angehörigen müsse die Auferstehung der Toten sein. Das gibt er uns mit auf den Weg. Das irritiert. Doch allmählich begreife ich.

Du bist tot, mein Mann, du bist Erinnerung.

Vielleicht bist du irgendwo in einem wunderbaren Jenseits, und vielleicht ist es wirklich so, daß wir uns dort neu begegnen. Aber hier, in meiner irdischen Existenz, hier beginnt deine Auferstehung. Indem ich dein Leben, so weit ich dieses kennen konnte, unser Leben zusammentrage, Stück um Stück, indem ich durch die Rekonstruktion des Gewesenen das verlöschte Leben neu aufflammen lasse. Es ist wie der Nachbau einer vergangenen Wirklichkeit. Und je länger du tot bist, um so wirklicher kann ich dich sehen, um so ehrlicher kann ich mit dir umgehen. Die anfängliche Verklärung ist gewichen. Immer deutlicher sehe ich dich nun so, wie du warst, mit Stärken und Schwächen, mit guten Zügen und Unarten. Und ich bin dankbar, daß es diesen Menschen für mich gegeben hat, grad so, wie er war. Auferstehung. Dankbarkeit. Trauer soll sich in Dankbarkeit verwandeln. Wenn ich einmal soweit bin, daß ich diesen Tod als Realität hinnehmen und danken kann, daß mir dieser Mensch an die Seite gegeben war, wenn er in meiner Erinnerung sein darf als Mensch und nicht als Idealbild – Auferstehung.

»Niemand weiß, ob es ein Jenseits gibt, aber jeder weiß von sich, daß es zumindest das kleine Jenseits gibt in einem selber, wo wir scheinbar von jemand Abschied nehmen mußten, der gar nicht fort ist, der sich auf etwas anderes übertragen hat.«

So schrieb mir der gute Kollege F. in dem wohl einfühlsamsten Trauerbrief, der kam. Das Jenseits in uns. Das Bleibende. Auferstehung. Du bist in mir, mein Mann, mein toter Mann, und ich will dich nicht verklären. Es soll auch Erinnerung an das Ungute bleiben. Die Gefahr ist ohnehin groß, daß Hinterbliebene ihre Toten zu Idealen erheben, zu Übermenschen ohne Fehl und Tadel. Manche sehen sie und das gemeinsame Leben nur im allerschönsten Sonnenlicht. »Wie wir glücklich waren, rundum nur glücklich! Nie hätte mir mein Mann ein böses Wort gegeben, er war immer nur gut zu mir, er hat alles für mich getan. Und ich für ihn. Es war alles so wunderbar, so harmonisch.«

Trostbilder für verletzte Seelen. Heuchlerische Trostbilder oft. Natürlich tut es weh, etwas Negatives über einen Toten sagen zu sollen. Das ist wie eine späte Verletzung, gegen die sich einer nicht mehr wehren kann. Und natürlich tut es weh, wenn man sich eingestehen soll, daß dieser wunderbare Mensch zuweilen ein recht unerträglicher Mensch war und daß man ihm gegenüber ja auch nicht alles recht gemacht hat. Trauerarbeit fordert Ehrlichkeit, sonst kann sie nicht gelingen. Und deshalb müssen wir uns auch den Schuldgefühlen stellen.

Wie sie uns heimsuchen! Wie sie sich mit gnadenloser Hartnäckigkeit ins Bewußtsein drängen. Wir rufen sie nicht, sie kommen über uns. Schlagartig sind sie da. Lauter kleine Urteile über Unanständiges und Unterlassenes. Lauter seelische Vollstreckungen. Und es sind vor allem die ärgerlichen Kleinigkeiten, an die wir uns nun erinnern müssen. Die bekommen jetzt, wo wir nicht mehr um Verzeihung bitten können, eine ihnen nicht zustehende Dimension. Mit solchen Kleinigkeiten hat man dem anderen das Leben erschwert. Das nagt und plagt, doch es ist zu spät. Da fahre ich an einem Wäldchen vorbei, in dem wir mal spazierengingen. Ich war, weiß der Himmel warum, zornig. Ich nervte, zerfte, stritt, zurrte mich fest. Und jedesmal an diesem Wäldchen sucht mich die Erinnerung heim. Es tut mir so leid, und jetzt ist es zu spät.

Oder Frau H. leidet so sehr an der Musik. Anfangs konnte ich auch keine Musik mehr ertragen. Das Radio stellte ich sofort ab, die Rieselmusik im Supermarkt war eine einzige Qual, nur das »Stabat Mater« von Rossini, das bei deiner Trauerfeier gesungen wurde, mein Mann, mein toter Mann, das wollte ich immerzu hören. Es hüllte mich ein in eine große Wehmut des Abschieds, es hat ja auch so etwas Verheißungsvolles. Dieses Werk sei wie aus dem Vorhof des Himmels, hat ein Kritiker mal geschrieben. Wie das paßte! Doch sonst wollte ich nichts hören. Schon gar nicht jene sentimentalen Lieder, bei denen du manchmal mitgesummt hast.

Wir spöttelten darüber, wie ein erwachsener Mensch so einen musikalischen Kitsch aushalten könne. Jetzt tun mir diese dämlichen Lieder weh. Ich möchte noch mal dein Summen hören, ich würde nicht mehr spotten.

Frau H. maulte immerzu, wenn ihr Mann stundenlang der Opernmusik lauschte. Das nervte sie, es sei auch meist zu laut gewesen, sagt sie. Und sie verletzte den Mann bewußt. »Du und deine Musi«, bruddelte sie. »Musi«, sagte sie, als ob es sich um Blasmusik gehandelt hätte. Jetzt würde sie ihn Tag und Nacht Opern anhören lassen ohne Rücksicht auf Hausbewohner. Und nie mehr »Musi« sagen. Jetzt ist es zu spät. Lauter Qualen.

Frau S. wiederum erinnert sich an Banales. Ihr Mann habe oft mit ihr gehadert, weil sie die Zahnpastatube unsorgfältig behandelte. Sie ließ sich aber nicht belehren. Jetzt ist das anders. Jetzt drückt sie säuberlich die Zahnpasta aus der Tube, aber jetzt sieht er das nicht mehr. Einmal freilich habe sie im Bad zur Decke geguckt, als ob er sie von da oben beobachten könne, und laut gesagt: Gell, jetzt wärst du zufrieden! Vielleicht würde er schmunzeln über das brave Weib, das spät zur Einsicht kam.

Wir müssen mit dem allem leben. Mit dem Eingeständnis von Fehlbarkeit. Wir würden doch wieder nerven und zerfen, wenn es so ein »Wieder« gäbe. Wieder die Zahnpasta falsch herausdrücken, wieder über die »Musi« maulen. Oder dann eben über ganz was anderes. Wir müssen das als Realität hinnehmen: so war es, ich kann es jetzt nicht mehr ändern, es tut mir leid, ich stehe dazu. Und so bringe ich es als Christ vor Gott. Denn nur das ist Vergebung.

Wir dürfen auch den Toten ihre Fehlbarkeit im Leben nicht absprechen. Statt der Verklärung, so hat der Pfarrer an jenem Wochenende gesagt, sollten wir lieber gelegentlich die toten Männer sozusagen zur Rechenschaft ziehen. »Komm, Freundchen, da sind noch Rechnungen offen . . .« Das tat eigentlich weh, wie der Pfarrer so von unseren Männern sprach, es war fast beleidigend, wie ging der denn mit unseren Männern um? Aber es war gut so, es half. Und wenn mich dann wieder so eine schmerzliche Woge von Schuld überrollte, fiel mir das ein. Komm, Freundchen . . .

Ich habe dich zwar nicht geholt, mein Mann, mein toter Mann, aber ich habe mir gesagt, daß du auch nicht alles nur gut gemacht hast. Auch du warst zuweilen ungerecht, auch du hast manches als selbstverständlich hingenommen, auch du hast mich manchmal wegen einer Kleinigkeit erbost, wegen einer Eigenart genervt. Du warst zwar äußerst rücksichtsvoll, doch eben nicht immer, warum auch. Du konntest poltern. Und wenn nun ich tot wäre und du wärst in Trauer, du würdest gewiß die gleichen Qualen durchstehen müssen, die gleichen Schuldgefühle akzeptieren müssen. Denke ich jedenfalls.

So kommt allmählich vieles wieder ins Gleichmaß. Leben. Familienleben. Zusammenleben. Das war nicht immer nur Harmonie. Und bei Temperamenten wie uns, wo einer den anderen sein ließ, wie er war, wo kritisiert wurde statt unterdrückt, wo es Entfaltung gab und offen ausgesprochen wurde, was andere sich nicht zu sagen trauen, da blitzt es auch. Leben besteht aus Höhen und Tiefen. Ist Freude und Ärger. Ist Zorn und Versöhnung. Wenn wir das erkennen und auch auf die Urteile der Kinder hören, die so feinfühlend ihre Eltern erleben, dann kommen wir am ehesten ins reine mit unserem Schicksal. Und mit der Trauer. Ehrlicher Wiederaufbau von Vergangenheit.

DER ALLTAG MIT SEINEN KÜMMERNISSEN

Aber wie geht der Ofen an? Wie reinigt man das Rohr im Bad, und wann muß Heizöl bestellt werden?

Der Alltag und seine Kümmernisse. Die neuen

Lasten und wie wir sie allein bewältigen sollen. Alles muß man jetzt allein machen. Vorher waren die Lasten verteilt, jeder hatte seine bestimmten Aufgaben. Du hast mir so viel Unangenehmes abgenommen, mein Mann, mein toter Mann, und das Praktische sowieso. Und jetzt? Hätte ich doch besser zugehört, hätte ich mir doch mehr erklären, einschärfen lassen! Die Nachhilfe ist jetzt so mühsam. Natürlich kann ich vieles nun auch allein machen, gewiß, ich war ja auch vorher ein selbständig denkender und handelnder Mensch. Aber daß mir sogar an banalen Dingen des Alltags dein Fehlen bewußt wird, daß ich dich vermisse, weil eine Glühbirne einzuschrauben ist und der Wasserhahn tropft, das macht mir zu schaffen. Mir fehlt doch nicht der Heimwerker, Hausmeister, Heizölbesteller, Gartenarbeiter, Elektriker – mir fehlt mein Mann, das ist etwas anderes!

Und dann die Formalitäten. Anträge, Papierkrieg. Deine Sache früher. Meine Sache jetzt. Ich muß ja deinen Tod nachweisen, immer und immer wieder muß ich ihn mit Urkunden belegen, die mit amtlicher Gefühllosigkeit dein Sterben markieren. 10.25 Uhr. Am 17. Februar. Das ist auch Heinrich Heines Todestag. Doch was sagt das schon?

Eine Zeitlang kam natürlich noch Post für dich. Nein, er lebt nicht mehr, sie brauchen das nicht mehr zu schicken. Alltägliche Verwundungen.

Dann kamen Einladungen an dich. Nein, er kommt nicht, er lebt nicht mehr. Weitere Wunden. Rechnungen gingen grundsätzlich an deine Adresse, als ob es mich gar nicht gäbe. Einige Institutionen nehmen ja eine Frau nicht als eigenständiges Wesen wahr. Noch mehr Wunden. Dann der Notar und die finanzielle Bilanz eines Lebens. Nichts als Wunden.

Schließlich wird die Witwenrente berechnet mit einem unglaublichen Aufwand an Papier. Der Tod und der Papierkrieg. Die Hölle hat auch eine bürokratische Abteilung. Spröde Aufrechnungen eines erloschenen Lebens. Noch mehr Wunden. Immer wieder schicken sie so einen Antrag zur gefälligen Ausfüllung. Einmal streiche ich einfach alles dick durch. Die Angaben seien im Computer, alle Angaben gespeichert. »Sie übertreiben es mit Ihren Formularen!« Dann geben sie Ruhe. Jetzt reißt der Zorn seine Wunden. Wieviel Leitartikel hast du gegen die Bürokratie geschrieben, mein Mann! Meine Güte, wie hättest du jetzt gepoltert! Doch jetzt bist du ein Fall unter Tausenden, eine Aktennummer.

Nach einem Jahr wird die Witwenrente neu berechnet. Das habe ich nicht gewußt, es sagt einem doch keiner, daß es ein bürokratisches Trauerjahr gibt. Und dann wird sie gestrichen. Selber schuld! So ist das eben in dieser sozialen Gesellschaft: ich habe eigenes Einkommen, ich verdiene Geld für den Lebensunterhalt der »Restfamilie«, finanziere die Ausbildung der Kinder ohne jedwede Unterstützung, die Allgemeinheit hat ohnehin unsere Trauer finanziell nicht mittragen müssen. Und weil das also alles aus eigener Kraft geht, wird die Rente gestrichen. Da beneide ich manchmal dann doch jene Frauen, die der Tod des Mannes zumindest vom Einkommen her auf höchst soliden Boden stellt. Sie sind nicht berufstätig gewesen oder dies schon länger nicht mehr, jetzt dürfen sie eine hübsche Rente kassieren, immerhin. Das entschädigt natürlich nicht für den Verlust, aber manch eine steht nun besser da als je zuvor. Und manch eine kann sich leisten, was zuvor unmöglich war, Konsum, Reisen, hierhin, dorthin, Reisen, die große Zerstreuung der Alleingelassenen. Manche Frauen sind ständig unterwegs, das ist zweifellos immer auch ein bißchen Flucht. Und eine Aufholjagd. Nachholen, was versäumt wurde, die Welt erleben mit ihren Spezialitäten, Neugier befriedigen. Länder sammeln.

Aber ich will nicht ungerecht sein. Wenn es diesen Frauen guttut, dann sollen sie diese Erfahrungen haben. Und ich wünsche ihnen, daß sie am fremden Ort nicht das Heimweh heimsucht. Früher hatte man Doppelzimmer, jetzt reicht die Hälfte. Früher durfte man sich gemeinsam erfreuen an den schönen Gegenden. Und wer teilt jetzt die Freude? Und wenn man heimkehrt, wartet keiner.

Es wäre ja vieles leichter zu ertragen, wenn noch der Partner da wäre. Wenn man ihm Begeisterung, Überschwang, Zorn und Enttäuschung mitteilen könnte. Aber er ist fort. Auf einem Friedhof am Wald, an einem von der Sonne gewärmten Hang ist ein Grab mit bronzenen Buchstaben und zwei Lebensdaten, die vom Anfang und vom Ende künden. Dein Grab, mein Mann, mein toter Mann.

Dein Grab lasse ich immer mit weißen Blumen bepflanzen. Ich weiß nicht genau warum, aber der Gärtner fügt sich ohne Nachfrage.

Die Blumen auf deinem Sarg waren auch alle weiß, der Frühling war dort ausgebreitet: Tulpen, Narzissen, Hyazinthen, Primeln. Es war wie das erwachende Frühjahr, von dem sich der Winter noch nicht zurückgezogen hat. Alles in Weiß gehüllt. Abschied mit einer Ahnung vom Werden. Nie hätte ich gedacht, daß mir ein Grab wichtig sein könnte. Aber dieser Stein, der so ist, wie du warst, urwüchsig, nicht abgeschliffen, mit Kanten und unregelmäßiger Maserung, ein Stein mit Charakter – er ist für mich nun Symbol einer Gewißheit: daß es dich gegeben hat.

Die ersten Gänge zum Grab waren entsetzlich. Diese grenzenlose Verlassenheit, diese Furcht vor der Realität des Todes. Und immer war ein Funke Hoffnung, das alles sei gar nicht wahr. Kein Grab. Kein Stein. Kein Tod. Trügerische Hoffnung, du könntest an jener Stelle sein und lächelnd auf mich warten. Und dann warst du nicht dort. Ich finde dich auch heute nicht an diesem Grab, du bist woanders, du bist überall, mein treuester Begleiter. Und der Stein ist das Zeugnis einer Vollendung.

Nie hätte ich auch gedacht, daß mir eine Trauerfeier wichtig werden könnte. Du hättest sicher gesagt: Macht kein großes Theater, vorbei ist vorbei, mein Leben war reich erfüllt, und wer mich in Erinnerung behalten will, tut es auch so. Doch ich wollte diese Stunde niemals mehr missen. Ich schloß die Augen, ertrank in Tränen, hörte Nachrufe, Musik, den Pfarrer, ich fühlte die Nähe von vielen Menschen, die mit uns traurig waren. Und doch war mir, als ob wir hier allein wären. Du und ich. Unser Abschied. Unsere letzte große Vereinigung. Dann verschwandest du endgültig, um Asche zu werden, Staub, Teil eines großen Kreislaufs.

Es kamen damals wunderbare Briefe. Ach, wie hättest du dich gefreut, wie viele Menschen dich als Freund und Wegbegleiter würdigten. Wie sie dankten, daß sie bei dir Lernende hatten sein dürfen und daß du ihr Leben bereichern konntest. Viele, viele Spuren. Einmal noch habe ich die Fülle dieser Briefe gelesen und sie danach in einer Kiste sorgsam verwahrt. Der alte H., der Freund aus stürmischen Zeiten, wollte deinen Tod nicht fassen. Das dürfe nicht sein, schrieb er, daß sein Freund gestorben sei. Er habe geweint um dich. Und in der Zeitung haben sie geschrieben, du seist ein leidenschaftlicher Zeitungsmacher gewesen. Das hätte dir gut gefallen und dich sehr bewegt.

Mein Mann, mein toter Mann, wenn dich alle, die dies versprochen haben, in Erinnerung behalten, wenn du nicht so schnell ihrem Gedächtnis entschwindest, dann bleiben wirklich viele Spuren. Dann hast du dich vielfältig übertragen auf etwas anderes. Auch das ist doch Aufgabe der Trauernden, daß die Toten nicht vergessen werden. Und deshalb hätte ich mir so oft gewünscht, viele hätten von dir gesprochen, würden immer wieder von dir sprechen. Das tut nicht weh, wie sie vielleicht fürchten, das brauchen wir vielmehr, daß man von den Toten spricht. Das ist Balsam für unsere Wunden. Ein guter Bekannter hat mich angerufen: Kommen Sie zu uns, ich will mit Ihnen über Ihren Mann reden! Das hat mich überwältigt. Aber ich bin nicht hingegangen, weil ich lange brauchte, ehe ich überhaupt wieder »privat« zu Leuten gehen konnte, zu Paaren nämlich, zu Ehepaaren. Die Zweisamkeit der anderen wäre einfach unerträglich gewesen.

Ich habe das gesagt, ich habe ohnehin über meine Empfindungen gesprochen, wenn es dafür Zuhörer gab. Eine Frau hat sich das gut gemerkt. Neulich rief sie an wegen einer Einladung. Sie wisse wohl, daß ich mich nicht gern zu Ehepaaren einladen ließe, aber ob ich vielleicht eine Ausnahme machen könnte. Es werde ein guter Kreis, ein schönes Essen. Ich machte die Ausnahme – es wurde ein beglückender Abend.

Allmählich wird es ruhiger in mir. Vieles hat sich beruhigt. Trauer, das habe ich in der bittersten Zeit meines Lebens erfahren, Trauer hat auch etwas Beglückendes. Sie führt uns zu uns selbst. »Der Mensch ist um so größer, je mehr er selbst ist«, heißt es bei dem vertrauten Freund Saint-Exupéry. Und die Einsamkeit ist der Weg, auf dem das Schicksal den Menschen zu sich selbst führt. Ich kann allein sein, ich komme mit mir ganz gut zurecht. Ich bin lieber nur bei mir, als daß ich mir von Dummköpfen die Zeit stehlen lasse. Welch eine Erfahrung, dieses Ich!

Doch der Mensch braucht ebenso die ständige Erfahrung des Du. Wenn der Ehepartner stirbt, ist dem Zurückbleibenden das verläßliche Gegenüber, in dem er sich selbst und die Welt erleben konnte, genommen. Wenn er sich nun völlig in sich selbst zurückzieht, wird er verkümmern, gar wunderlich werden, weil ja auch das Korrektiv fehlt. Dann wird Einsamkeit statt zur Beglückung zur Bedrückung. Der Mensch braucht den Menschen.

Welche Begegnungen habe ich in der Trauer gehabt! Welche Tiefen habe ich in anderen Menschen entdecken dürfen, welches weite Netz wurde geknüpft. Ein unsichtbar gespanntes Netz, das auffängt und trägt. Ein Geschenk. Und ich kann unterscheiden. Die oberflächlichen Menschen habe ich zurückgelassen. Mit einigen habe ich radikal gebrochen.

Frau W. zum Beispiel, die sich als unsere alte Freundin ausgab und der wir gewiß mehr waren als zuverlässige Begleiter in ihrem einsamen Dasein, sie hat mich total im Stich gelassen. Danach war sie mir nicht mehr wichtig. Sie sei so krank gewesen, deshalb habe sie sich nicht um uns kümmern können, so erklärte sie ihr Nicht-Reagieren beim Tod. Ein paar Wochen später schickte sie einen Brief. Sie denke oft an uns, sehr oft sogar, es gehe ihr gesundheitlich wieder recht gut, jawohl, und dann schilderte sie, die unverbesserliche Egoistin, wieder nur ihre kleinen Probleme. Aus. Schluß. Ich schrieb ihr, daß man Freunde gerade in der finsteren Zeit brauche, es kam nie eine Antwort.

Ehrliche Trennungen. Nicht heucheln, nicht faule Kompromisse eingehen. Der Tod schafft Klarheit. Andere Frauen hätten auch am liebsten mit einigen gebrochen, von denen sie sehr enttäuscht wurden. Sie hatten dazu nur nicht den Mut. »Dann bin ich vollends allein.« Aber der Pfarrer sagte an jenem Wochenende, daß es sogar notwendig sei, Brücken abzubrechen. Nur so werde man offen für das Neue.

Einige Bekannte oder gar Freunde hielten sich auch lange zurück, ehe sie sich wieder meldeten. Anfangs wollten sie »immer da sein, wenn du uns brauchst, da kannst du dich drauf verlassen«. Dann zogen sie sich zurück. Kein Anruf, kein Besuch, kein Zeichen. Nach längerer Zeit trauten sie sich wieder heraus. Jetzt dürfte sie wieder normal und ansprechbar sein, dachten sie wohl. Jetzt hat sie's doch hoffentlich überstanden. Für solche Menschen bin ich nicht mehr sehr ansprechbar. Ich hätte ihre Fürsorge früher gebraucht, jetzt weiß ich mir eine bessere Gesellschaft. Aus. Einige wollten mich auch vereinnahmen als geduldige Zuhörerin. Und sie laberten an mich hin und laberten, immer von sich, kaum daß sie sich nach meinem Befinden erkundigten. Sie hielten sich wohl für besonders aufmerksame Weggenossen, weil sie sich so intensiv um eine Trauernde kümmerten – und waren hauptsächlich Egoisten. Solche Kränkungen mute ich mir nicht mehr zu. Das kostet Kraft und macht zornig. Und wo werde ich meine zornigen Klagen los, wo du doch nicht mehr da bist, mein Mann, mein toter Mann, um alles zu mildern?

»Ich brauche Distanz, bitte, wahren Sie doch Distanz!«, habe ich einer Frau geschrieben, die mich mit Telefongesprächen überrollte. Sie hat mir zum Beispiel ausgiebig von ihrer bevorstehenden Silberhochzeit erzählt und nicht gemerkt, welche Wunde sie in mir aufriß. Sie freute sich auf das Ehefest, und mir fehlte der Mann. Aber sie hat es begriffen. Frau S. berichtete mir unlängst, sie sei bei einem älteren Ehepaar eingeladen gewesen. Man habe ihr schöne Bilder vorgeführt – von der goldenen Hochzeit. Und sie saß dabei, und alles in ihr schrie auf. Warum können sich die Leute so wenig in andere hineinversetzen?

Aber vielleicht ist das sogar notwendig. Weil es stärkt und entschlossen macht. Radikalität kann schließlich Kraft geben. Andererseits bin ich aber auch milder und toleranter geworden. Ach, was haben mich früher lahme Autofahrer geärgert. Blödmann da vorne, gib endlich Gas! Und wie nervös benahm ich mich in der langen Warteschlange im Supermarkt. Warum mußten diese da vor mir ausgerechnet jetzt einkaufen, wo ich es so eilig hatte! Vorbei. Neues Denken. Vielleicht haben diese Autofahrer vor mir einen schlechten Tag, denke ich jetzt, vielleicht sind sie traurig, deshalb fahren sie so betulich. Und an der Kasse fange ich lieber ein Gespräch an, als daß ich in die allgemeine Nörgelei einstimme, das entspannt die Situation. Auch so etwas lernt man durch Trauer. Einen freundlicheren Umgang. Nur zwei Frauen habe ich beim Einkaufen mal beschimpft, sie mögen mir das verzeihen. Sie erzählten einander, daß ihre Männer auf Reisen seien, das sei wunderbar, denn jetzt hätten sie endlich mal ihre Ruhe. Ich habe mich eingemischt. Sie könnten ja nichts dafür, daß mein Mann gestorben sei, aber mir tue das sehr weh. Ich würde meinen Mann sowieso nie mehr auf Reisen gehen lassen. Immer nur festhalten. Oder?

Andererseits: wie viele schöne, hilfreiche Begegnungen hat mir das Leben seitdem gegeben. Frau B. zum Beispiel, die Malerin, war so ein großartiges Gegenüber. Es war Gründonnerstag, du warst erst ein paar Wochen tot, mein Mann, sie stellte Maultaschen auf den Tisch und gab mir mit ihrer schwäbisch-handfesten Art ein Stück Leben zurück. Ich fühlte mich wohl. Ich lachte sogar. Und ich konnte über ihre Arbeit schreiben, auch das war ja wieder ein Stück Leben. Der Tod löscht nicht alles aus. Er gibt ganz im Gegenteil manchen Inhalten neue Kraft.

Aber da war eine Furcht. Ob ich jemals wieder schreiben konnte, ob ich dies überhaupt wollte. Warum sollte mir denn das Schreiben noch wichtig sein? Es war mein Beruf, gut, ja, so wie es auch dein Beruf war, mein Mann, mein toter Mann. Und eben wegen dieser Gemeinsamkeit machte es doch doppelte Freude. Wir haben immer über die Arbeit gesprochen, du warst mein Kritiker, du hast gemahnt, gelobt, ich konnte mich an dir orientieren, mich durch dich weiterentwickeln, ich schrieb auch für dich. Wie sollte das nun gehen? Es ging. Es ging sogar wunderbar.

Das Schreiben, die Arbeit, die Auseinandersetzung mit Menschen und Vorgängen, das Diktat der Pflicht, die Herausforderung der Phantasie – das war jetzt noch bedeutender als je zuvor. Nicht nur daß durch Arbeit die Normalität des Alltags garantiert wird sowie die Sicherung materieller Existenz. Es ist die ganz konkrete Lebenshilfe: eine Aufgabe zu haben, zugehörig zu sein, sich aufgehoben zu wissen in einem Team. Ich sehe mich noch, wie ich anfangs verstört am Schreibtisch saß und wie sie mich gewähren ließen in meiner düsteren Welt. Keine albernen Aufmunterungen, keine törichten Wegweisungen. »Sie müssen jetzt unbedingt . . .« Und daß mir vor dem Heimgehen graute, behielt ich für mich.

NEUE AUFGABEN – NEUE WEGE

Arbeit. Aufgabe. Wer das nicht hat, soll sich auf die Suche machen. Das Leben mit seiner großen Leere nach dem Tod eines geliebten Menschen braucht einen neuen Inhalt. Die Aufgabe muß nichts Großes sein. Sie muß nur das Gefühl geben, daß man nun zwar nicht mehr vom Lebenspartner gebraucht wird, aber von anderen. Es gibt so viele, die den Beistand und die Hilfe anderer brauchen. Alte, Kranke, Einsame.

Wie viele Menschen in unserer Gesellschaft sind so sehr allein. Eingeschlossen in ein paar Quadratmeter Wohnraum, abgeschlossen von der Außenwelt. Da drinnen warten sie auf gelegentlichen Besuch, und vor allem warten sie auf den Tod. Und beide, der ersehnte und der nicht ersehnte Gast, lassen sich Zeit.

Frauen, die wie ich Witwe geworden sind, kann ich das weitergeben: Kümmert euch um die einsamen Alten, auch um die in den Heimen, wo die Kraft der Pflegerinnen nicht mehr ausreicht. Setzt euch ans Bett der Schwachen, hört ihnen zu oder lest ihnen vor. Setzt euch zu den Verwirrten, die sich in ihrer Welt eingesponnen haben und die scheinbar von außen nichts mehr erreicht.

In dem Heim, in dem ich nun manchmal bei alten Leuten wache, sitzen einige oft an Tischen beisammen. Diese Hinfälligkeit der Menschen ist traurig. Und daß eine alte Frau ständig die Hände vors Gesicht schlägt und zu zählen beginnt wie ein Kind, eins, zwei, drei, vier, hoppala, das ist deprimierend. Aber wenn jemand bei ihr sitzt, das Essen gibt und mit ihr zählt, dann strengt sie sich unglaublich an. Eine Aufgabe. Und wie viele Mütter von kleinen Kindern wären froh, es käme gelegentlich eine Entlastung. Frau H. hat das jetzt ein paarmal gemacht, auf kleine Kinder in der Nachbarschaft aufzupassen. Ihr war zwar bange, weil sie doch zu alt sei, aber es ging gut. Und das machte sie sehr zufrieden.

Ich habe mich nicht in die Arbeit gestürzt. Ich habe sie mir nach und nach wieder angeeignet, Stück um Stück, wie die vertrauten Gegenstände im Haus. Ich war bei krebskranken Frauen, die mich mit ihrer Fröhlichkeit beeindruckten. Ich traf einen Astronauten, der im Bewußtsein einer einmaligen Grenzerfahrung diese kleine Erde nun anders betrachten kann. Und ein Schauspieler machte ein Café zur Bühne. Dort saßen wir zusammen, rings um uns herum tischt der Ober Tortengebirge und Eisbomben auf, hier steht das Alltagsstück vom süßen Leben auf dem Programm, und er spielt die Rollen vom Ringen ums menschliche Sein durch. Hamlet. Peer Gynt. Immer wieder eine andere Figur im Theater und doch bei jeder Vorstellung das gleiche Gespür fürs Atmosphärische: wenn der

Vorhang aufgeht, weiß ein Schauspieler, wie der Abend läuft. Und wie temperamentvoll erlebe ich die 80jährige Indien-Expertin. Immer noch neugierig. Immer noch reiselustig. Ein zierliches Energiebündel, das in sich die Eroberung eines Kontinents birgt.

Wundervolle Begegnungen. Jede eine Lektion fürs Leben: Mach weiter, gib nicht auf, da ist noch so viel Schönes zu erleben. Und die anderen haben doch auch ihr Schicksal. Jedem ist irgend etwas aufgebürdet. Es kommt nur darauf an, ob die Last Kräfte zehrt oder Kräfte gibt. Denn beides ist möglich. Und das Gleichmaß der kleinen Leben, in denen sich nicht viel ereignet, vermag uns ebenso zu beeindrucken wie die Größe der ungewöhnlichen Leben. Lauter Lektionen. Lauter Signale, den Weg mutig weiterzugehen.

Nur eine an sich doch zauberhafte Ikebana-Schau machte mich eines Tages unsagbar traurig. Diese Bilder aus Pflanzen und Blumen, diese Gestecke mit ihren Aussagen. Wie sollten mich auch Blüten erfreuen, wo alles in mir abgestorben war. Dennoch entdeckte ich eine Art Wegweisung. Eine trauernde Frau hatte lauter verdorrte Pflanzen arrangiert. So sehe es in ihr aus, erklärte sie, nichts Lebendiges mehr da. Doch zu ihrem größten Erstaunen setzte so ein scheinbar totes Stück Natur neues Grün an.

Das Leben, es setzt sich durch! So ging es mir mit unserem Zwetschgenbaum im Garten. Radikal schnitt ihm der Sohn die Zweige und Äste ab, ich hatte genug von dem wilden Wuchs und den wurmigen Früchten. Dann stand er da, armselig, gestutzt, regelrecht amputiert – abgestorben wie ich. Vieles andere hatte ich gleichfalls aus- und weggerissen. Weg mit dem Zierrat an den Wänden, weg mit Bildern und Firlefanz, für solche kleinen Freuden gab es keinen Anlaß mehr. Und die Büsche im Garten, warum sollten ausgerechnet die so lebensfroh üppig sein. Also ran an das Zeug, alles gestutzt, alles beschnitten. Wie der Zwetschgenbaum. Doch was geschah nach einem Jahr? Er setzte unerschrocken wieder an. Schüchtern erst kam das Grün, dann trieb es weiter. Der Baum änderte zwar seine Form, aber er beharrte auf seinem Lebenswillen. Ich habe ihn zu meinem »Witwenbaum« ernannt. Zum Symbol meines neuen Lebens. Das Abgestorbene und das Neue. Und jetzt zieren auch wieder Bilder die Wände, es macht sogar wieder richtig Spaß, Bilder zu kaufen und ihnen einen guten Platz zu geben. Das Leben überrascht wieder mit Freuden. Es sind freilich nicht mehr die großen Freuden von einst, der Überschwang hat sich erschöpft. Es sind stille Freuden, die wir bei aller Trauer empfinden können. Und sie sind trotz allem eine große Bereicherung.

Ich gehe den neuen Weg. Ich bin wie dieser Baum im Garten. Ein Teil ist tot für immer. Aber die Wurzeln sind da, festes Wurzelwerk, das Halt gibt. Und der Boden wird wieder tragfähiger, und es gibt eine Sehnsucht nach Licht. Neue Zuversicht. Neues Wahrnehmen.

Neulich habe ich eine kleine Bronzeplastik erworben, Werk einer verstorbenen Stuttgarter Bildhauerin. Ein Paar in der Umarmung, »Geborgenheit« nannte es die Künstlerin. Sie machte das Paar als große Plastik in rotem Stein. Überlebensgroß steht diese »Geborgenheit« jetzt auf ihrem und ihres Mannes Grab. Sie war auch eine Lebenskünstlerin. Der Krieg nahm ihr den Mann, er erlebte nicht einmal die Geburt der Zwillingsmädchen. Doch die Frau meisterte das Leben, sie hatte ja auch ihre Kunst, und in dieser lebt sie nun weiter. In dieser bronzenen »Geborgenheit«, mein Mann, mein toter Mann, da sind wir beide drin, du und ich. Es ist eine große zärtliche Umarmung. Aber beide, so sehe ich es, wissen um den Abschied.

Vielleicht haben wir das an unserem letzten gemeinsamen Abend auch gewußt. Abschied-Nehmen. Du hast so lange meine Hand gehalten, wenn die Kinder uns gesehen hätten, sie hätten wohl gedacht, jetzt werden sie albern, unsere beiden Alten, guck sie dir mal an, wie sie Händchen halten. Aber dies war vielleicht unsere größte Geste der

Zärtlichkeit. Weil in sie alles gelegt war. Dank, Wehmut, Glück, Traurigkeit, Respekt, Abschied, Hoffnung. Dies war vielleicht die allergrößte Berührung unseres Lebens: weil sie das zusammengewobene Schicksal festigte und zugleich aufhob. Da war etwas. Da muß etwas enden. Da bleibt etwas.

Du bist gegangen, und ich habe zu mir selbst gefunden. Ja, es ist auch ein Gewinn, so ein Verlust. Der Tod nimmt nicht nur, er gibt auch. Er gibt zum Beispiel ein Stück Freiheit, auch wenn sich viele Trauernden das nicht eingestehen wollen. Manchmal ist der Tod sogar eine richtige Befreiung. Nicht jede Partnerschaft ist ja eine gute, manche Männer können Tyrannen sein, manche Ehen ein Martyrium. Die Überlebenden verlieren ihre Fesseln, wenn der Tod ein Ende setzt. Oder andere Frauen erschöpfen ihre Kräfte bei der Pflege kranker, hinfällig gewordener Männer. Sie können nicht mehr, und sie können auch dieses elende Leiden kaum mehr mitansehen. Dann kommt der Tod und ist Erlösung. Die Frauen atmen auf, zunächst jedenfalls, doch dann wird die Trauer auch ihnen den Atem abschnüren. Wenn er doch wenigstens noch da wäre! Und wenn er noch so leidend, noch so gequält wäre, er wäre immerhin leibhaftig da. Und sie wollten ihn klaglos weiterpflegen.

Wir müssen das Loslassen lernen. Es ist die große Lektion des Lebens. Das Loslassen nach dem Tod braucht Zeit. Lange Zeit. Aber je mehr wir dazu fähig sind, um so bereitwilliger greifen wir nach Neuem. Neue Fähigkeiten in sich entdekken, die geduldig schlummerten. Neue Geschicklichkeiten ausprobieren, die man nicht ahnte. Neue Risiken wagen. Neue Lust auf neue Arbeit erspüren. Neue Zuwendung zu Menschen suchen.

Sie verbrauche sich jetzt vollends, sagte mir eine lebensfrohe Frau, eine Töpferin, die aus Tonklumpen heitere Geschöpfe werden läßt, leicht entrückte Wesen, in denen ein großer Frieden ruht. Das Leben mit ihrem Mann empfand sie als einzigartiges Geschenk. Er stieg in die Tiefen der Wälder und grub Wurzeln aus. Er war ein Kauz, grad so knorrig wie diese Wurzeln, und als er im hohen Alter starb, nahm sie seinen Lebensmut an sich. Jetzt gibt sie ihre Dankbarkeit für gehabtes Glück weiter, indem sie sich »verbraucht«, nicht aus Überdruß oder Resignation, sondern aus Liebe zum Leben und den Menschen. Jetzt töpfert sie noch intensiver als früher mit Alten und Behinderten, mit Kindern, Frauen, Männern, die mit großem Erstaunen diese kleinen Schöpfungsakte erleben, wenn der Klumpen Ton zum Wesen wird.

Diese Frau kann Dankbarkeit übertragen. Doch wie sieht es aus mit der jungen Witwe, deren Mann ermordet wurde? Grad erst hatte ihr gemeinsames Leben angefangen, und dann war es auch schon vorbei. Der Tod ihres Mannes war von öffentlichem Aufsehen und öffentlicher Anteilnahme begleitet, es war ja ein spektakulärer Tod. Aber zu lange kann die Öffentlichkeit private Trauer nicht begleiten. Entsetzen, Erschütterung, Rufe nach Rache, hehre Nachrufe – Vergessenheit. Wie wird diese junge Frau mit ihren inneren Irritationen fertig, mit dem Alptraum einer Bluttat und dem aufwühlenden Gefühl von Haß?

Und wer begleitet über den Augenblick des jähen Erschreckens hinaus die Witwen prominenter Männer, die Opfer des Terrors wurden? Die Gesellschaft bringt nach einem solchen, wie es immer heißt, »sinnlosen« Tod in großer öffentlicher Trauergeste ihre Empörung zum Ausdruck, bekundet Abscheu, verurteilt die gemeinen Täter, und die Witwe wird des allgemeinen Beileids versichert. Doch bald wird auch sie alleingelassen. Das Tabu Trauer wird nur für den kurzen Moment eines lauten Aufschreis gebrochen. Dann wird kein Aufhebens mehr gemacht.

Der Tod des Einzelnen und der Massentod. Die einen sterben in menschlicher Obhut, die anderen krepieren. Der Tod als Einzelschicksal, der Tod als Massenschicksal. Immer bleiben Trauernde zurück. Unglücke, Unfälle, Naturkatastrophen. Ein Flugzeug stürzt ab, die Erde bebt, im Nebel rasen Autos ineinander, Menschen verbrennen, eine

Fähre versinkt, eine Bombe explodiert, Überschwemmungen, Erdrutsche, und dann ist auch noch Krieg. Wer betrauert die Toten? Flüchtlinge sterben einen bitteren Tod, Kinder verhungern, es wird gefoltert, hingerichtet, abgeschlachtet. Krankheiten, Seuchen, Störfälle. Zahllose Tode Tag für Tag. Wer trägt Trauer, und wie können sich diese Toten auf etwas anderes übertragen? Wo ist ihr Jenseits?

Der Tod hat nicht immer Würde. So wie bei dir, mein Mann, mein toter Mann. Du hast auch dein Jenseits.

Dein Zimmer habe ich verändert. Zuerst rührte ich überhaupt nichts an, alles sollte bleiben, wie es zu deinen Lebzeiten war. Keine Hand sollte diese heilige Ordnung zerstören. Jetzt sieht alles ganz anders aus. Auch hier vollzog sich im Lauf der Zeit einer dieser vielen kleinen Abschiede nach dem großen Abschied. Der Schrank wird geräumt, Kleidung abgegeben an andere. Es gibt genügend Leute bei uns, die so was brauchen. Papiere werden gesichtet und sortiert. Es muß nicht alles aufbewahrt werden. Dein Zimmer wird umgestaltet. Erinnerung bedarf nicht mehr der Äußerlichkeit, und ein Wohnraum ist kein Museum. Also kommt der Maler, streicht die Wände weiß, das Mobiliar wird anderweitig verteilt, dafür wird ein Schrank gekauft, in dem unsere wesentlichen Vermächtnisse stehen sollen. Die Zeitungsarbeit, die Artikel, alles Geschriebene. Unser eigentliches Vermächtnis an die Kinder: Botschaften der Eltern in etwas verschlüsselter Form. Hier können sie alles nachlesen, sie müssen nur genau lesen können und die Zwischentöne erkennen.

Im Garten habe ich neue Platten legen lassen. Du hast den Handwerker noch angerufen kurz vor deinem Tod, als ob unbedingt alles erledigt werden müßte. Das Fahrrad hast du verschenkt, plötzlich wieder Holz gesägt, den Gärtner hast du bestellt, es sah so sehr nach Umtriebigkeit aus, dabei war es die Ahnung des Todes. Dann brauchte ich keine Gartenplatten mehr. Ich konnte mir überhaupt nicht vorstellen, daß ich jemals noch so etwas wollte. Und jetzt liegen sie da, und es gefällt mir. Lauter kleine Fortschritte. Lauter kleine Etappen auf dem neuen Weg.

Frau S. hat sogar eine ganz große Etappe vor sich. Sie wagt eine gänzlich neue Aufgabe in gänzlich neuer Umgebung. Wohnung aufgeben, Zelte abbrechen, neue Zelte aufschlagen. Loslassen, freigeben, offen werden für Neues. Das hätte sie niemals für möglich gehalten. Sie stellte einmal einem Pfarrer eine Frage, auf die er verständlicherweise keine Antwort gab: ob denn ihr Mann habe sterben müssen, damit sie ihr Leben neu entdecke. Solche sensiblen Fragen dürfen Trauernde bewegen.

WIE LANGE WÄHRT TRAUER?

Es kann keine Regeln dafür geben. Mit dem ersten Todestag scheint das Schlimmste überwunden. Jetzt ist der Tod endgültig. Jetzt kann man nicht mehr zurückrechnen ins Leben: heute vor einem Jahr waren wir noch . . . Im zweiten Jahr kommt vieles zur Ruhe, aber die kann trügerisch sein. Es hat sich wohl manches stabilisiert, und dieser neue Weg ist nicht mehr nur ein gefährlich schmaler Grat. Aber die Ruhe verstärkt auch das Heimweh.

Vielleicht werde ich bis zu meinem Lebensende um dich trauern, mein Mann, mein toter Mann. Nicht krankhaft, nicht mit dem höllischen Schmerz der ersten Phasen, sondern milde, dankbar, mit Wehmut werde ich die Erinnerung an unser gemeinsames Leben bewahren. Und mit Würde. Das ist mein Dank.

Natürlich fragen manche, ob ich denn nicht wieder heiraten wolle. Ein lieber Verwandter hat das Thema sogar beizeiten schon angetippt. »Na, du bleibst doch nicht allein, du bist doch noch relativ jung.« Relativ, das hat er ausdrücklich gesagt. Damals habe ich schwer geschluckt. Ich sage auch heute noch nichts auf solche Anfragen. Denn wer so fragt, der kann nicht wissen, was Trauer alles auslöst. Man kann doch nicht einfach einen Menschen hergeben und sofort durch einen anderen ersetzen. Man muß doch erst das Loslassen richtig bewältigt haben, ehe man sich wieder binden kann. Und dann ist da auch diese tiefsitzende Angst vor der Pein eines neuerlichen Abschieds. Nicht noch einmal so ein Abschied. Nicht noch einmal alles durchmachen müssen. Vielleicht legt sich das mit der Zeit, aber es dauert doch, bis man wieder zu festeren Beziehungen in der Lage ist. Und möglicherweise nimmt man es dank der zurückgewonnenen Fähigkeit noch einmal auf: ein gemeinsames, vom Tode bedrohtes Leben. Ein schönes Leben, eben weil man jetzt nicht mehr vom Ende überrascht werden kann. Der Tod ist ins Leben eingewoben.

Das Allein-Sein hat für mich nichts Bedrückendes. Es gibt ja meine Kinder, auch wenn sie jetzt ihre eigenen Wege gehen sollen. Loslassen, freigeben. Ich habe dies bewußt und freudig getan. Denn ist es nicht großartig, wenn die Kinder erwachsen sind und auf die große Lebenssuche gehen? Als du starbst, mein Mann, mein toter Mann, da saßen wir Drei in einer schützenden Enge von Gefühl beisammen, wie wir es wahrscheinlich in dieser Nähe nie mehr erleben werden. Mutter, Tochter, Sohn. Eine Kerze flackerte, wir sprachen von dir, weinten, schwiegen, es fielen uns sogar deine fröhlichen Sprüche ein, und wir lachten unter Tränen. Und da sagte ich es ausdrücklich zu den Kindern, daß sie sich nun nicht aus Pflichtgefühl an die Mutter klammern sollten. Man darf eine Mutter alleinlassen. Man muß dies sogar tun. Und zwar beizeiten. Sie sollten hinausgehen ins Leben und in die Welt, sagte ich zu den Kindern, lernen, suchen, Pfade finden, Fähigkeiten erproben, Eroberungen machen, Niederlagen erleben, Höhen wie Tiefen durchmessen. Mensch werden. Aber sie sollten die Wurzeln nicht vergessen. Und wenn es geht, immer wieder gern nach Hause kommen. Jetzt studiert der Sohn im Rheinland, und die Tochter macht im Schwarzwald ein Soziales Jahr. Jeder hat seine Aufgabe. Und zusammen haben wir eine bindende Erinnerung: an den Mann und Vater, der in den Kindern ein Stück weit weiterlebt.

Es ist Sommer. Der Kirschbaum trägt reichlich Früchte, und die Vögel machen sich gar nicht die Mühe, auf die oberen Äste zu fliegen. Sie bedienen sich unten, wie gehabt.

Auf deinem Grab, mein Mann, blüht die »Ewige Liebe« in Weiß. Das hat nichts mit Sentimentalität zu tun, sondern mit einer praktisch denkenden Gärtnersfrau. Die »Ewige Liebe«, so erklärte sie mir, sei pflegeleicht, also gerade das Passende für den Friedhof. Da wagte ich nicht zu widersprechen. Die Blumen auf den Gräbern, die allein die Lebenden erfreuen und nicht die Toten, sollen schließlich prächtig blühen. Und in Schönheit vergehen, ist das Privileg der Blüten. Dafür dürfen dann die schmuckloseren Bäumchen an den Grabsteinen überdauern. Ihr Wuchs zeigt lediglich die Vergänglichkeit der Zeit an.

Wie lange bist du tot, mein Mann? Über zwei Jahre, hundert Jahre, einen Tag? Es macht keinen Unterschied. Jetzt nicht mehr. Aber am Anfang zählten die Stunden. Es war Februar, und der Freund B. schrieb: »Ich wünsche Ihnen, daß es bald Mai wird und die Birken grünen, dann wird es auch wieder wärmer in Ihnen.« Das war schön ausgedrückt, doch ich wollte keinen Mai mehr erleben, und die Birken interessierten mich nicht, und daß jemals wieder Wärme in mir sein könnte nach dieser emotionalen Eiszeit, das konnte ich mir nicht vorstellen. Doch jetzt weiß ich es.

Am Tag deines Todes, als ich aufgeregt suchend auf dem Friedhof umherirrte und dich sicher gar nicht finden wollte, weil ich das einfach nicht glauben konnte, am Abend dieses Tages wünschte ich mir, ich wäre von dir geschieden. Bürgerlich. Dann hätte ich eine Wut haben und Zukunftspläne machen können. Wart's nur ab, Freundchen, dir werde ich's zeigen! Doch uns hatte der Tod geschieden, und ich wollte dir nichts zeigen. Ich wollte dich nur zurückhaben. Gebt mir augenblicklich meinen Mann zurück!, wollte ich zum

Himmel hinaufschreien. Ich suchte dich überall, kramte im Schreibtisch, in Anzugtaschen, ich wollte dich in Einkaufszettelchen finden oder in Fußnoten auf Buchseiten. Ich wollte nicht zulassen müssen, daß ein Notarzt deinen Tod festgestellt hatte und die Polizisten die schlimme Nachricht weitergeben mußten. An der Haltestelle seist du gestorben. Es sei nichts mehr zu machen gewesen. Leider. Und Beileid.

Die Haltestelle gibt es inzwischen nicht mehr. Das Leben ist Veränderung, auch in der Stadt. Sie bauen eine Bahntrasse. Es tut nicht weh, daß diese schicksalhafte Stelle nun Baustelle ist. Daß sie diesen Hauch einer Lebensvollendung mit Preßlufthämmern stören. Das tut wirklich nicht weh. Jetzt jedenfalls nicht mehr. Die Haltestelle war ohnehin längst aufgehoben. Das gab ziemliche Proteste, und sicher hättest du kräftig mitgewirkt bei diversen Aktionen, um deinen Unmut zu äußern. Du warst ja engagiert auch im Kleinen. Aber jetzt war die Haltestelle für dich auch nicht mehr wichtig. Daran denke ich, wenn ich auf dem Spazierweg durch die Felder gehe, wo Korn reift und Heu aufgeschichtet ist, was würdest du bloß dazu sagen?

Was würdest du überhaupt sagen zu den Veränderungen in der Welt? Das Ende der DDR, wo die Verwandten jetzt frei atmen dürfen, die Einheit Deutschlands, die Wiedervereinigung, mit so was hätten wir doch vor Jahren nicht gerechnet. Dieser Teil Deutschlands, dieses Sachsen, das deine Heimat war – obwohl man es dir an der Sprache nicht anmerkte, es sei denn, wir forderten dich auf, es doch mal wieder schön sächsisch »rausloofen« zu lassen – dieses Land war für dich wie eine große, offene Wunde. Wie konntest du dich aufregen über diesen Staat, in den man »Eintritt« bezahlen mußte, wenn man die Schwester besuchte, und über seine sturen Uniformträger, die den Paß mit Stempeln vollschmierten und an der Grenze Zeitungen wegnahmen. Einmal hast du im Zug die Badetasche voller Verachtung vor ihnen ausgeleert. Die wollten darin vielleicht eine Großmutter finden oder sonst was Verstecktes, jedenfalls hast du ihnen den Krempel hingekippt, sollten sie doch selbst kramen zwischen Rasierpinsel und Haarwasser. Jetzt gibt es keine Grenze mehr und keine entwürdigenden Kontrollen. Aber das hast du nicht mehr erleben dürfen.

Du hast über deine Reisen in die DDR auch Artikel geschrieben, einige unter Pseudonym, damit die Verwandten drüben nicht in Gefahr kamen. Sie waren so ängstlich, wie so viele eben damals. Und als deine Schwester zum erstenmal bei uns war und in der Markthalle die herrlichen Genüsse aufgetürmt sah, da schüttelte sie ein furchtbarer Weinkrampf. Hier gab es Obst und Gemüse in Hülle und Fülle, und sie mußte sich mit Kraut und Rüben zufriedengeben. Und außerdem dankbar sein für die Päckchen aus dem Westen. Jetzt ist der Spuk vorbei. Jetzt erst wird offenbar, was aus deiner Heimat geworden ist. Wie sie heruntergekommen ist. Aber jetzt hat dich das nicht mehr zu interessieren.

Lauter Veränderungen. Die Menschen und die Verhältnisse betreiben Veränderungen. Die Geschichte wird fortgeschrieben. Aber die größte Veränderung besorgt der Tod. »Der Tod ordnet die Welt neu. Scheinbar hat sich nichts geändert, und doch ist alles anders geworden.« Das hat Saint-Exupéry geschrieben, der Flieger.

Manchmal komme ich mir vor wie auf einer höheren Warte. Von da oben aus betrachte ich die ameisenhafte Geschäftigkeit der Menschen und wie sie oft das Unwichtige so wichtig nehmen. Wie sie rennen und hasten, wie sie irgend etwas nachjagen und auf der Suche nach dem Großen doch schon in Kleinigkeiten hängenbleiben. Erst die Erfahrung von Tod, Verlust, Leid, Krankheit läßt sie zur Besinnung kommen.

Ich glaube, ich weiß jetzt, wer ich bin. Was ich alles kann, weiß ich noch nicht. Ich will aber noch manches erproben. Die Kinder machen mir Mut dazu. Sie sind ja nun selbst im Aufbruch ins Leben, voller Neugier, getrieben von dem Eroberungsdrang, der das Privileg der Jungen ist, machen sie sich auf ihren unbekannten Weg. Und sie gestehen auch mir noch so einen Aufbruch zu, obgleich wahrscheinlich einen relativ bescheidenen. Ich war gewiß keine uneingeschränkt gute, jedenfalls keine perfekte Mutter. Wir lieben ja unsere Kinder, wir geben uns Mühe als Eltern, aber ob Erziehung gelungen ist, wissen wir erst viel später. Du, mein Mann, mein toter Mann, und ich, wir haben sicher nicht alles recht gemacht als Vater und Mutter, wir haben uns aber stets um ein ganz großes, das größte Ziel von Erziehung bemüht: daß aus den Kindern Menschen werden. Und ich bin überzeugt, daß ich ihnen bei deinem Tod und seitdem Vorbild gewesen bin bei der Bewältigung von Leben.

Als ich ein Kind war, sagten die Eltern immer: Du schaffst es! Und ich schaffte es dann wohl. Als später irgendwelche Probleme die Jugendzeit trübten, wiederholten sie: Du schaffst es! Und ich konnte sie doch nicht enttäuschen. Sie legten schließlich Vertrauen in mich und den Glauben an die eigene Stärke. Du schaffst es. Die Generation der Kriegskinder wurde beizeiten in das harte Training der Lebensbewältigung geschickt. Es war Krieg, er hat uns in den ersten wichtigen Jahren den Vater vorenthalten, das haben wir nie mehr aufgeholt. Und wenn dieser gelegentlich von der Front nach Hause kam, bedrängten wir die Mutter: Schick den fremden

Mann weg! Er störte. Als er dann heimkehrte, ausgezehrt, gezeichnet für immer, am Körper zerstört und in der Seele verwundet, da störte er erst recht. Jetzt blieb er ja da, und wir kleinen Egoisten wollten das nicht. Was der Krieg den Menschen alles antut.

Nacht für Nacht schleppte uns die Mutter in den Bunker. Es war schön, die »Christbäumchen« am Himmel zu sehen, ich sehe sie heute noch ganz genau vor mir. Nächtliche Feuerzeichen einer gestohlenen Kindheit. Später trug ich ein Röckchen aus Fahnenseide oder eine Latzhose aus Uniformstoff, man mußte aus allem etwas Brauchbares machen. Es gab scheußliche Trockenkartoffeln zu essen und köstliches Milchpulver, und aus der Schweiz kamen nach dem Krieg Päckchen mit Orangen und Schokolade. Außerdem hübsche Karokleidchen, gesmokt. Die schneiderte Tante Martha für uns, und diese gute Seele nahm mich auch ein paarmal zum Aufpäppeln bei sich auf. Wegen Unterernährung schickte man das abgemagerte deutsche Kind nach Zürich. Dann hat mich Tante Martha wieder in Ordnung gebracht. Sie schenkte mir auch den ersten Schulranzen, ein feines Stück aus weichem, hellem Leder. Und sie schenkte mir vor allem als Kind schon die Gewißheit, daß man von anderen Menschen aufgefangen wird, wenn es einem nicht gut geht.

Wir wohnten in Stuttgart damals in fürchterlicher Enge. Zwei Familien mit sechs Kindern in einer einzigen Wohnung. Aber ich erinnere mich daran nicht mit Schrecken. Es ging offenbar gut. Das war die große Nähe, die man damals brauchte. Das Nest. Es ging vielen nicht gut, die Häuser waren zerstört, also rückte man zusammen. Im Vergleich dazu leben viele von uns heute wie die Fürsten. Eigene Häuser, eigene Wohnungen, eigene Zimmer für jedes Kind, und sogar das Hobby hat Anrecht auf die eigene Wohneinheit. Damals suchten wir die Wärme der anderen, heute schieben wir Wände zwischen uns. Auch unsichtbare. Heute haben die Kinder ihr häusliches Reservat, uns setzte man damals zu den Hausaufgaben an den Küchentisch, und niemand sorgte sich, ob wir Bauchweh hatten vor einer Klassenarbeit. Du schaffst es. Das war schon auch ein Befehl mit drohendem Unterton. In der Schule gab es anfangs noch Schülerspeisung. Tomatensoße mit verkochten Nudeln im Blechnapf, Kakao und herrliche Dampfnudeln. Man päppelte uns auf. Und allmählich rappelte man sich wieder richtig auf.

Die Nachkriegszeit und ihre Entbehrungen. Wir spielten auf der Straße oder in Ruinen, das waren wunderbare Abenteuerspielplätze. Wir hatten ein Schlüsselchen um den Hals, weil die Eltern mehr mit dem Aufbau der Existenz beschäftigt waren als mit der Fürsorge der Erzieher. Sie konnten nicht lange darüber nachdenken, welche Neurosen die Kleinen weshalb bekommen könnten und wie diese zu vermeiden wären. Sie hatten sich vor allem einem äußeren Kampf zu stellen, dem Lebenskampf. Also legten sie uns einfach einen emotionalen Schutzpanzer um: Du schaffst es. Dieses Vertrauen stärkte fürs Leben. Man konnte uns nicht in Watte packen, so wie das heute oft, leider, mit Kindern geschieht, also rüstete man uns anderweitig gegen die Widrigkeiten. Du schaffst es. Bloß nicht aufgeben. Durchhalten. Auch die Niederlagen einstecken. Du schaffst es trotzdem. Auch das Negative hat seinen Sinn. Kapitulier nicht. Dann kannst du ihn eines Tages erkennen. Du schaffst es.

Ich habe es wieder geschafft. Jedenfalls bis jetzt. Ich habe die traurigste Zeit meines Lebens bisher einigermaßen achtbar gemeistert. Und ich habe daraus gelernt. Den Wandel habe ich begriffen. Aber Trauer ist eine sensible Begleiterin, manchmal auch unberechenbar.

Ab und zu ist mir bange vor dem Durchbruch von Resignation. Gewiß ist vieles zur Ruhe gekommen, doch nicht alles. Es ist vielmehr so, daß da etwas schlummert, und das kann jederzeit aufwachen. Die Stimmungen schwanken. Einmal ist man gefährlich nah am Aufgeben. Nicht weil das ganze keinen Sinn mehr hätte, sondern weil es so sehr mühsam ist. Jeden Tag aufstehen, jeden Tag sich aufrichten. Und dann wieder ist man so leicht, so mutig, so optimistisch. Was ist die Welt doch wieder schön, was hat das Leben noch alles zu bieten! Dankbarkeit legt sich auf die Erinnerung – und dann erklingt im Radio ein Lied, es fällt einem ein Papier in die Hand, irgend etwas führt uns die Endgültigkeit der Trennung vor, und der Schmerz ist wieder da. Heimweh. Es dauert, bis wir wieder richtig stabil sind.

ZWIESPRACHE HALTEN

Manchmal habe ich auch seltsame Träume, am Tag. Ich rede mir ein, daß nun gleich das Telefon läuten werde. Ich gehe hin, du meldest dich so wie früher. Du bist gar nicht tot, du bist nur verreist. Jetzt willst du uns einen guten Morgen wünschen oder deine Ankunft ankündigen, grad so wie früher. Selbst aus Amerika hast du doch angerufen. Und jeden Tag eine Karte geschickt. Aber du warst dann vor denen da. Es war schön, diese Fürsorge aus der Ferne. Ob du jetzt gleich anrufst? Ach, das ist doch barer Unsinn! Du wirst dich nie mehr melden, du bist tot, und ich habe Träume von der Revidierung des Schicksals.

Oder manchmal komme ich heim, wundere

mich, daß du nicht an der Tür stehst, und denke, er wird ja dann in irgendeinem Zimmer sitzen. Fröhlich wird er auf mich zugehen und in die Küche eilen, um Kaffee zu kochen. Und dann reden wir miteinander. Und dann gibt es doch noch einen Abend. Doch noch ein gutes Ende jenes jäh abgebrochenen Freitags.

Nein, so ist es nicht. Wunschbilder. Träume. Aber deine Stimme höre ich trotzdem, und ich sehe dein Gesicht vor mir und glaube deine Wärme zu spüren. Nur in Gedanken kann ich erschöpft an dich hinsinken, um den Alltag loszulassen. Vorbei. Alles vorbei. Doch es war ja! Es hat dieses Geschenk ja gegeben! Jetzt halten wir stille Andacht.

Manche Frauen reden auch laut mit ihren toten Männern. Sie wahren den Schein einer nicht mehr existierenden Realität. Frau H. zum Beispiel zeigt auf einen Stuhl gegenüber ihrem Platz am runden Tisch im Wohnzimmer. Da sei er immer gesessen, in diese Richtung spreche sie daher gelegentlich noch. Was würdest du an meiner Stelle machen? Wie hättest du entschieden? Früher gab es hier ja einen Dialog. Man besprach alles gemeinsam, diskutierte, argumentierte, man wog das Für und Wider ab, ließ sich überzeugen, überzeugte, auch Kleinigkeiten waren eine gemeinsame Sache. Jetzt ist alles Monolog, auch wenn man scheinbar für zwei spricht. Denn die Toten antworten nicht. Oder?

Frau H. erzählt mir viel von ihrem Mann, und manchmal meine ich, sie nehme mich gar nicht wahr bei ihrer Wanderschaft in die Vergangenheit. Die Erinnerung macht sie noch einmal zu jenem jungen Mädchen, das in einem Bankhaus arbeitete und dann so heftig von diesem einen umworben war, der zu ihrem Lebensglück werden sollte. Es ist vielleicht nicht alles so gekommen, wie es das Mädchen einst erträumte, aber es war dennoch gut so, wie es gekommen ist. Und wenn sie diese Bruchstücke aus der Versenkung holt, dann zieht so ein heiteres Lächeln über ihr Altersgesicht. Kleine Seligkeiten eines bescheiden gelebten Lebens.

So wie ihr geht es gewiß vielen Frauen. Sie widmen sich ihrer Familie, dem Mann, den Kindern, nach und nach werden es weniger im Haus, und plötzlich sind sie ganz allein in einer viel zu großen Wohnung. Was sollen sie im Alter noch anfangen, wo ihnen doch keiner mehr Mut macht?

Frau H. hat in ihrer Gemeinde nachgefragt, ob man eine Aufgabe für sie habe. Sie könne vielleicht in den Bazarkreis, schlug sie vor, aber dann wollte man eine »perfekte Strickerin«, und das sei sie nicht. Sie könne ja das »Blättle« austragen in der Gemeinde, schlug man im Gegenzug ihr vor, und daraufhin ging sie traurig davon. Man brauchte sie also nicht. Höchstens als »Blättles-Austrägerin«, und das wollte sie nicht.

Ihre Wohnung, in der das Zimmer des Mannes behütet wird wie ein privates Museum, will sie nicht hergeben. Nicht auch das noch loslassen müssen, wo hier doch so viel aus den wichtigsten Zeiten bewahrt ist. Sie wolle in dieser Wohnung »absterben«, sagt Frau H. immer. »Absterben« – wie eine verblühte Pflanze.

Warum sterben die einen so früh und die anderen so spät? Warum dürfen manchmal Kinder erst gar nicht erwachsen werden, und warum macht es der Tod manchmal alten Leuten so schwer mit dem Gehen? Der Herrgott, so sagte einmal eine Altenpflegerin, scheine wirklich einige der Alten völlig zu vergessen. Sie dämmern ihrem Ende entgegen in einem oft so erbarmungswürdigen Zustand. Nur: Wer kann denn genau wissen, ob nicht auch diese Dämmerung ihren Sinn hat?

Und dann begegnen uns auch wieder so erstaunliche alte Menschen wie jener hundertjährige General, der an seinem Geburtstag die noble Gästerunde mit der ganzen Kraft seiner Autorität dominierte. Der alte Mann ist ein Jahrhundert Geschichte, natürlich vor allem Militärgeschichte, »das Soldatische« lag ihm schließlich, wie er sagt, »das Soldatische« lag auch in seiner Familie. Immer noch diktiert er seine Erinnerungen und Erfahrungen in die Maschine. Das will vielleicht gar niemand lesen, doch darauf kommt es eigentlich nicht an. Wichtig ist für den alten General nur, daß er sich überhaupt noch mitteilt. »Aufrecht und fest« steht im Wappen seines Vaters, »Immer voran!« in dem seiner Mutter. Danach lebte er sein langes Leben, und jetzt zieht er Bilanz. Der General schimpft auf die Deutschen, die »Aus dem Gewesenen nicht lernen« und sich nicht »an der Natur orientieren«. Hinsetzen, einen Baum wachsen sehen, so habe es der Graf von Moltke geraten, so müsse man auch handeln. Besonnen und mit Blick auf das Vorbild in der Natur. Lebhaft sagt er diese Ansichten von seiner Liegestatt aus, denn der General ist ja gebrechlich. Aber Alter ist bei ihm mehr eine Sache des Körpers, nicht des Geistes.

Lange Leben. Kurze Leben. Tod. Das ist die einzige Gewißheit, die wir haben. Seit deinem Tod, mein Mann, ist mir nicht mehr bange vor dem unabänderlichen Ende. Ich weiß jetzt, daß es so plötzlich kommen kann, und das beunruhigt mich überhaupt nicht. Es kommt ja auch nicht auf die Jahre an, wie ich in einem alten Bändchen mit »Erdachten Gesprächen« gelesen habe. »Wir irren, lieber Freund«, heißt es da, »wenn wir die Jahre zählen. In Wahrheit ist das Leben unser Werk.« Und dann ist da noch von einem alten Mann mit sanften Augen die Rede. Dieser Mann habe vielleicht nichts Besonderes getan in seinem Leben. »Aber er hat gemacht, daß er als alter Mann diese sanften

Augen hatte.« Für ihn waren diese Augen das Werk, weil sie andere etwas lehrten.

Vielleicht ist für Witwen auch die Würde der Trauer so ein Werk. Auch das kann andere etwas lehren. Daß nämlich das Leben mit dem Tod des Partners nicht verwirkt ist, daß es noch so viel Neues offenbaren kann, wenn man sich nur auch bereitwillig öffnet. Sie stehe jetzt eben auf vier Beinen, beschreibt Frau U. fast trotzig ihre neue Situation. Und das heißt: Wer nimmt es mit mir auf? Wer wagt es, mich zu demütigen, mich nicht ernst zu nehmen, weil mir die stärkende Begleitung des Mannes fehlt? Dieses Gefühl, mein Mann, mein toter Mann, das kenne ich auch. Mir kann nicht mehr viel geschehen, jedenfalls nichts, das meine Existenz derart erschüttern könnte wie dein Tod. Ich habe wieder Mut gefunden, auch den Mut zu mir selbst, ein großes, tiefes Vertrauen – ich traue mir wieder etwas zu. Ich bin neugierig, welche Herausforderungen und Beglückungen mir das Leben noch zu bieten hat.

Früher habe ich nie so recht begreifen können, wenn Menschen von jetzt auf gleich zu Veränderungen bereit waren. Da gibt es genügend Beispiele, wie einige plötzlich in andere Berufe gingen oder weg aus dem bisherigen Umfeld, vielleicht sogar in ein anderes Land. Das kann ich mir jetzt alles vorstellen, und ich vermute, daß solche Menschen vor diesem alles verändernden Schritt gleichfalls eine herbe Erfahrung von Verlust gemacht haben. Ja, der Tod gibt auch neue Freiheiten. Und wenn es nur die ist, daß man die Sorge um den Mann nun einem andern übertragen hat.

Freilich sind viele Frauen auch sehr unselbständig. Sie müßten eigentlich ihren toten Männern gram sein, weil die ihr Selbständig-Werden blokkiert haben. Aus dieser Erkenntnis müßte Mut erwachsen zu einer, wenn auch späten Eigenständigkeit. Doch vielen gebricht es an solchem Mut. Wahrscheinlich gibt es eine große Zahl von Witwen, die vor sich hinleben und verkümmern. Ihre Männer waren ihr Lebensinhalt, obwohl diese doch die meiste Zeit gar nicht daheim anwesend waren, ihre Familie war ihre Aufgabe, jetzt sehen sie nur noch die Leere. Und es sind einfach auch zu wenige, die diese Leere mit neuen Inhalten füllen. Welche Aufgaben hätten beispielsweise die Kirchengemeinden, sich der Trauernden anzunehmen und sie aus ihrer jäh hereingebrochenen Einsamkeit zurückzuholen in die Gemeinschaft. Das ist doch eine Christenpflicht und steht so in der Bibel. Aber vielen Gemeinden fehlt es ganz offensichtlich, wie neulich auch ein Dekan beklagte, an der Phantasie. »Sie bieten zu wenig an, sie fragen zu wenig nach den Fähigkeiten und Begabungen.«

Im ersten Sommer, mein Mann, mein toter

Mann, als es zum erstenmal keinen gemeinsamen Urlaub mehr gab, da schaffte ich einige Wochen in einer Waldheimküche. Die Tochter war wieder als Betreuerin aktiv, die Mutter strich in der Küche Brote, formte zigfach Fleischküchle, rührte in riesengroßen Töpfen Suppe. Fröhliche Kinder, dachte ich mir, sind sicher bessere Helfer in der Trauer, und es war so. Außerdem habe ich viel gelernt. Daß nämlich all diese Frauen in den Waldheimküchen unglaublich angestrengt arbeiten müssen und daß es überhaupt viele Menschen gibt, die immerzu so unglaublich angestrengt arbeiten müssen. Bei ihnen ist das Berufsalltag, bei mir war das ein ehrenamtliches Tun, das ist ein Unterschied. Ich habe mir vorgenommen, noch viel öfter solche Einblicke zu bekommen. Auch wegen des Respektes vor der Arbeit anderer. Als ich mich am ersten Tag in der Küche zum Dienst meldete, stand die Leiterin vor einer Riesenschüssel und grub mit beiden Armen im Salat. Ich erschrak zunächst, doch bald konnte ich das ebenso. Und niemals zuvor habe ich so viel Geschirr gespült . . .

Lauter neue Erfahrungen. Lauter kleine Portionen Mut. Eines langen Abschieds neuer Morgen. Ob es wohl vielen Witwen so geht? Ich weiß es nicht. Wie erkennt man denn Witwen, wenn sie nicht mehr das Schwarz der Trauer tragen? Wie erfährt man denn von ihrem Leid und ihren Freuden, wenn sie darüber nicht zu sprechen wagen? Vielleicht gibt es Zigtausende von Witwen in unserer Gesellschaft, junge, ältere, alte, mutige, verzweifelte, aufatmende, depressive, aber sie fallen gar nicht weiter ins Gewicht, weil sie auch gar nicht auffallen. Viele halten sich streng an die gesellschaftliche Regel, daß Tabus nicht verletzt werden dürfen. Trauer ist ein Tabu. Ein nur für kurze Zeit zugestandener Ausnahmezustand der Seele, etwas Vorübergehendes. Beileid, Distanz, Rückkehr zum Alltag. »Na, Sie werden doch allmählich den Tod Ihres Mannes verkraftet haben!«

Aus Angst vor solchen Verwundungen schweigen viele Witwen lieber. Nicht daß sie ihrer Umwelt am Ende noch lästig fallen, bloß das nicht! Dabei sollten sie zuweilen lieber ihre Trauer und Verletzlichkeit hinausschreien, nicht nur als Klagende, sondern auch als Lehrmeisterinnen. Sie wissen doch viel mehr als die anderen, sie sollten davon doch Mitteilung machen. Schließlich gibt es dafür auch nicht nur taube Ohren. Ich habe schon bei manchen zunächst scheinbar uninteressierten Zuhörerinnen und Zuhörern erlebt, wie sie plötzlich sehr still wurden, wenn man ihnen den schweren Weg des Trauerns beschreibt. Neulich hatte ich wieder so eine wunderbar aufmerksame Zuhörerin. Sie bedankte sich hinterher sogar für das große Vertrauen. Und vielleicht fällt ihr einiges wieder ein, wenn sie jemals selbst in diese bittere Situation kommen sollte. Sie tat mir fast ein wenig leid. Weil ihr doch möglicherweise das bevorsteht, was ich bereits kenne. Sie ist 43 Jahre verheiratet, sie und ihr Mann sind eine herrlich verschworene Gemeinschaft, so lebhaft beide, so glücklich zusammen. Und was ist mit ihr, wenn er gehen muß?

Nein, mein Mann, mein toter Mann, das habe ich vorher auch nicht wissen können. Ich hätte es mir ohnehin nicht vorstellen können. Manchmal redete ich doch auch so leichtfertig vom Tod, daß er mich wahrscheinlich vor dir holen werde. Das war törichtes Geschwätz, und ausgerechnet an unserem letzten gemeinsamen Abend sagte ich wieder so etwas, Gott weiß warum. Und du hast geantwortet: »Nein, Weib, du irrst. Die Reihenfolge ist eine andere . . .«

Wie lange bist du nun tot? Zweieinhalb Jahre, hundert Jahre, zwei Tage? Egal. Die Zeit tut im Grunde nicht viel zur Sache. Du bist tot. Das ist gewissermaßen zeitlos. Für ein Leben seit jenem Tag, an dem es für uns keinen Abend mehr geben sollte, zählt diese Zeit freilich nach anderen Kategorien. Nie zuvor, so glaube ich heute, habe ich so viel an Leben gelernt wie in dieser vom herbsten Verlust verdüsterten Zeit. Nie zuvor habe ich so viel Dankbarkeit empfinden können wie seit dem schmerzlich gegangenen Weg durch die seelische

Hölle. Nie zuvor war ich wahrscheinlich so neugierig auf mich selbst und so gespannt auf neue Erfahrungen. In deinem Tod, mein Mann, liegt ein großer Sinn. Ich würde dir gerne danken.

Und jetzt ist es wieder Sommer, und im Garten reifen die Kirschen. Im dritten Jahr nun schon, seitdem du gegangen bist. Der Kirschbaum hat einfach so getan, als ob nichts geschehen wäre, und ich war empört, daß die ganze Natur von deinem sanften Dahingehen keine Notiz nahm. Damals war ich empört. Jetzt habe ich begriffen. Die Gleichgültigkeit der Natur vermag mich nicht mehr zu kränken, sie ist ja auch keine Kränkung, sondern eine Lehre. Ich habe jetzt vielmehr etwas von ihr übernommen: nicht Gleichgültigkeit, aber Gleichmut. Und darin steckt ein ganz wichtiges Wort. Mut. Ich habe nicht resigniert, aber ich bin gelassen. Ich bin nicht ergeben dem unabänderlichen Schicksal, aber demütig.

Eltern sagen manchmal zu ihren Kindern: »Wartet's nur ab, wenn wir mal die Augen schließen, gehen sie euch erst auf!« Warum sagen sie das eigentlich immer so drohend? Es ist doch wirklich so, daß der Tod den Menschen die Augen öffnet. Darüber müßte viel mehr gesagt und geschrieben werden. Nicht drohend – wegweisend. Das könnte ein Wegzeig aus der Lebenskrise sein: Mach die Augen auf, schau das Leben an und die Welt, nimm beides trotz allem an, und schließ dich nicht ab, geh auf andere zu!

Und zu den Trauernden muß man sagen: Wage die Wandlung! Du hast ein Stück deines eigenen Sterbens vorwegnehmen müssen, du weißt Bescheid, der Tod ragt jetzt in dein Leben hinein, erlaube ihm die nötige Zugehörigkeit, schöpfe aus dem Abschied ein Stück Selbstverwirklichung, das ist alles möglich. Und verdränge deine Trauer nicht. Trauer, so heißt es, sei die Emotion, durch die wir Abschied nehmen.

Trauer ist ein langer Abschied. Das Leid kann dem Leben Größe geben. Ich bin traurig, mein Mann, und versuche wieder glücklich zu sein.

Und die Kirschen sind reif, und die Vögel streiten sich um die Mahlzeit. Natürlich hocken sie wieder auf den unteren Ästen und picken an den Früchten, ausgerechnet dort also, wo auch wir bequem hinkommen, ohne daß wir auf eine Leiter steigen müssen. Du würdest jetzt in den Garten gehen, mein Mann, und die lärmenden Mitesser verscheuchen. Du würdest ihnen sagen, sie sollen gefälligst nach oben auf den Baum fliegen, der liebe Gott habe sie schließlich das Fliegen gelehrt, uns aber nicht.

Ich gehe jetzt in den Garten und sage das denen.

DIE AUTORIN

Geboren am 8. Dezember 1940 in Stuttgart.
Volontariate bei Tageszeitungen in Mannheim und Karlsruhe. Von 1963 bis 1972 Redakteurin bei der »Stuttgarter Zeitung«. Freiberufliche Journalistentätigkeit nach der Geburt ihrer beiden Kinder.
Seit 1982 Redakteurin bei den »Stuttgarter Nachrichten«.
Schwerpunkte ihrer journalistischen Arbeit: ernste und heitere Geschichten über ernste und heitere Menschen, Glossen Features, Feuilletonistisches.

WEITERE TITEL AUS DER EDITION JOHANNES KUHN

Marie Anne Berlé

**ICH BIN HIER ZU HAUS
MEIN LEBEN IM ALTENHEIM**

Waltraud Boelte

HALTE DEINE TÜR OFFEN

Tobias Brocher

ALLEIN – ABER NICHT EINSAM

Hermann Freudenberger

**FREUNDSCHAFTEN
SIND WIE GÄRTEN**

Johannes Kuhn

**ERINNERUNGEN SIND
WIE EINE SCHATZTRUHE**